www.ingramcontent.com/pod-product-compliance
Lightning Source LLC
Chambersburg PA
CBHW011934050726
47590CB00011B/3292

* 9 7 8 1 7 3 9 2 9 7 0 5 3 *

شعب مصري معاصر

سيناريو فيلم لم يصور..

رواية اجتماعية

شعب مصري معاصر

سيناريو فيلم لم يصور ....

كل شخصيات الرواية واسمائهم والاحداث من سرد خيال المؤلف، واي تشابه بينهم وبين الواقع هو من واقع الصدفة البحتة.

ISBN 978-1-7392970-5-3

تصميم الغلاف والإخراج الداخلي: UKinkers

www.sherifelhotabiy.com

www.ukinkers.com

اهـــداء

الـى

المجتمع المصري

شكر خاص

لكل من يسعى للإصلاح

UK inkers

UKinkers هي دار نشر تسعى للتعارف بين الثقافات والنشر لكتاب من حول العالم.

www.UKinkers.com

عن الكاتب

- مواليد لندن – إنجلترا ١٩٧٨
- خريج اكاديمية السادات للعلوم الإدارية تخصص حاسب آلي ١٩٩٩
- عمل كمحرر ومراسل ومذيع اخبار باللغة الانجليزية
- عمل في مجال السينما والاعلانات وكتابة البرامج التلفزيونية
- عمل كاستشاري تسويق وعلاقات عامة
- شاعر باللغة الانجليزية وحاصل على جوائز محلية وعالمية
- قام بتقديم برنامج طهي والصناعات الغذائية

شريف الحطيبي

مقدمة

أياً كانت اتجهاتنا السياسية، أياً كانت مذاهبنا الفكرية، أياً كانت اديانتنا .. تبقى الكلمة الأخيرة لأخلاقنا.

شريف الحطيبي

شعب مصري معاصر

سيناريو فيلم لم يصور..

رواية اجتماعية

مشهد 1 (فوتومونتاج)

راشد

اسمحولي اقدم نفسي
راشد أمين
دارس علم اجتماع
حاصل على الماجيستير وبحاول اخد الدكتوراة
مع اني اخدت الماجيستير بسهولة
لكن حظي وقعني مع الدكتور/مختار ثابت .. عبقري محدش ينكر .. لكن دماغه ناشفاااااه وما بيعجبوش العجب!!!

مشهد 2 (نهار/داخلي/مكتب الدكتور بالجامعة)

راشد يقف امام استاذه وهو يقرأ موضوع رسالته الاخيرة ويبدوا عليه القلق متمنياً ان يوافق استاذه على الموضوع رقم 21 الذي يقدمه له بعد ما رفض العشرين موضوع السابقيين
ينتهى الدكتور من القراءة قبل ما ان يقرأ الموضوع إلى أخره ويبدوا عليه الاستياء. يخلع نظارته ويكلم راشد بعصبية

الدكتور

عادي! عادي! موضوعك زي كل مواضيعك اللي فاتت عادية مفيهاش حاجه!
أيه الجديد؟ فين المادة؟ فين الحدوتة؟

راشد

حدوتة؟!!

الدكتور

طبعاً!
انت فاكر أيه؟ علم الاجتماع ده علم بشر..معايشه
الناس..دراسة المشاعر والسلوك والفكر!
انت محتاج تلاقي موضوع يشدني كأنسان قبل ما يشدني
كدكتور

راشد

يشدك ايه يا دكتور؟!
ده الموضوع ال21 اللى اقدمهولك وترفضه! يا دكتور لو
سمحت مشيها شويها بقى الله يكرمك

الدكتور

امشيها؟ اوعى تفتكر اني بفتري عليك
انا بثقلك. بهيئك
انت دورك تزق المجتمع لقدام
توريهم الصح انت محتاج رسالتك تبقى ذات قيمة

راشد

ماهو كدة مبقاش فاضل مواضيع اساسا؟ انا جبت لحضرتك مواضيع عن الناس بكل اشكالهم واحوالهم في القاهرة في المحافظات، بدو، نوبيين، فلاحيين، عمال، اغنياء، فقراء
كل الناس! اعمل موضوع عن مين سوبرمان؟

الدكتور

بالضبط!
برافو عليك!

راشد

يادكتور بلاش تريقة من فضلك!

الدكتور

انا مش بتريق. انت فعلا لقيت الموضوع اللي ناقصنا سوبرمان..الانسان الخرافي..المثل المتكامل..
انت عارف احنا مشكلتنا ايه؟
ان كل واحد شايف نفسه صح
وملناش قدوة نحتذى بيها
احنا محتاجين نعرف مين هو المصري المثالي اللي لازم نحتذي به، السوبرمان اللي لازم ننبهر بقدراته...اللي لو معرفناش نبقى زيه نمشي وراه علشان عارفين ان مفيش حاجة تهزمه

زمان كان فيه سعد زغلول، احمد عرابي، طلعت حرب..لكن دلوقتي فيه مين؟ مين مثلنا الاعلى وكل واحد شايف نفسه مفيهوش غلطة
مين المصري المثالي اللي اقوى من الظروف؟

يلتقط الرسالة و يكتب عليها
بحماس

الدكتور

رسالتك هى البحث عن النموذج المصري المثالي من الشعب المصري المعاصر

ثم يختم له بالموافقة

الدكتور

بالتوفيق

المشهد 3 (ليل/داخلي/منزل راشد)

راشد يجلس في منزله محملقا في موضوع رسالة الدكتوراة الموضوعة على المكتب امامه. ثم ويسجل لنفسه على كاميرا فيديو

راشد (للكاميرا)

موضوع رسالة الدكتوراة البحث عن النموذج المصري المثالي ما بين الشعب المصري المعاصر
عنوان الرسالة

ش.م.م.

مين؟ مين؟ ايوه..يوسف ابن خال امي...طول عمره شاطر ومن الاوائل اكيد ينفع...بس انا معيش موبايله...انا مشفتوش من قبل ما يخترعواالموبايلات اساسا

راشد يتحدث في التليفون الارضي ممسك بنوته تليفونات قديمة جدا

راشد

آلو ازيك يا طنط؟

طنط

الحمد لله يا حبيبي
ازيك انت؟

راشد

الحمد لله

طنط

وازي ماما؟

راشد

الحمد لله

<u>طنط</u>

وازي بابا؟

راشد

الله يرحمه يا طنط

<u>طنط</u>

وازي اخواتك؟

راشد

انا مليش اخوات يا طنط!

<u>طنط</u>

وازيكوا كلكوا؟

راشد

كلنا؟!
انا وماما وبابا واخواتي!

طنط

ايوه يا حبيبي

راشد

الحمدلله يا طنط
الحمد لله!

راشد (للكاميرا)

الخطوة الثانية، الغاء فكرة البحث بين الاقارب حرصا على الوقت والاعصاب
يبقى البحث بين الاصدقاء

صوت راشد

كل اصحابي واقاريبي مقدرش اني اقول فيهم ميزة واحدة مثالية! آه فيهم الطيب واللي بيحب الخير للناس لكن مبيعملش حاجة فعلا تخليه القدوة اللي بدور عليها. علشان موضوع الرسالة يبقى قوي ويعجب دكتور مختار لازم الاقي شخصيات مميزة بصفات نادرة في مجتمعنا.

مشهد 4 (نهار/داخلي/كافيه)

راشد جالسا فى كافيه بمفرده يفكر

صوت راشد
حسيت اني بدور على ابرة في كوم قش

ام راشد تتصل به على الموبايل وهو لا يرد يأتي الجرسون ويضع الطلب على الترابيزة

الجرسون بابتسامة صفراء

تؤمر بأي حاجة تانية يا فندم ؟

راشد

ربنا يخليك

الجرسون

حضرتك شكلك عايز حاجة

راشد

نعم ؟!!!
الجرسون
لو فيه أي حاجة انا تحت امرك

راشد

شكرا

الجرسون

الأوردر تمام

راشد

ايوه

الجرسون

طيب ميه صغير ؟

راشد

شكرا

الجرسون وهو يمشى

الجرسون

عفوا يا فندم انا هنا فى خدمتك

راشد جالس يفكر مع نفسه

صوت راشد

انا دلوقتي محتاج مجموعة متقلش عن 8 اشخاص..
وكل واحد فيهم يكون عنده مقومات الشخصية المثالية..
وبعد ما ادرسهم..واحد واحد..اطلع له الشخصية المثالية..

الجرسون (مرة اخرى)

مالك يافندم؟

راشد

مالي؟

الجرسون(وهو يشير إلى جبهه راشد ويغلق اصابعه امامها)

اصلي شايف حضرتك متضايق شوية
الأوردر فيه حاجة؟

راشد

لأ الأوردر كويس مفيش حاجة .. شكراً

الجرسون

حضرتك متأكد ان الأوردر كويس؟

راشد

يا سيدي والله متأكد .. كويس .. مفيش حاجة!! لو فيه حاجة هقولك مش هشيل في نفسي واسكت

موبايل راشد يرن فيضطر الرد ليتخلص من الجرسون

راشد

أيوة يا ماما

راشد

أزيك يا حبيبتي

الجرسون

على العموم انا تحت امرك

راشد

العفو .. ربنا يخليك

يمشى الجرسون

راشد

معلش يا ماما مشغول والله
باعمل بحث جديد واخد كل وقتى
يا حبيبتي قلتلك هجيلك متقعوديش تسأليني كل شوية هتيجي
امتى؟ هتيجي امتى؟

الجرسون يأتي مرة أخرى

الجرسون

الأوردر لسه كويس يا فندم؟

راشد يشير له بالسكوت فيسكت

انا عايز اجيلك بس اعمل ايه؟

الجرسون

الأوردر..

راشد يشير له بالسكوت فيسكت

راشد

طيب طيب ماشي ..

الجرسون

الأوردر ..

راشد يشير له بالسكوت فيسكت

راشد

هكلمك لما اخلص
ماشي...سلام!

يفقد اعصابه على الجرسون ويمسك فيه

عمال اقولك كويس كويس
انت مش مصدقني ليه؟

عايزني اقول لك ايه بس علشان ترتاح طب الأوردر زي الزفت على دماغكو انا مضايق بسبب الأوردر اللي مفيش حاجة تانية في حياتي غيره خلاص ارتحت!!!!

الجرسون

حضرتك تحب اغير هولك؟

مشهد 5 (نهار/خارجي/امام منزل راشد)

راشد

في يوم كنت نازل اجري الصبح معظم مشاكلي بحلها وانا بجري لكن المرة دي لقيت الحل قدامي
(كارت المدير)

- الاسم: باهر ممتاز
- السن: 49 سنة
- المهنة: مدير عام
- الشخصية: مدمن عمل، متحكم، حازم، صريح إلى درجة التجريح، مجتهد وناجح في عمله
- الاسم الكودي: باهر

راشد

باهر ممتاز جارى دايما بشوفه بينزل الشغل بدري ويرجع متأخر ودايما بيتكلم في تيلفونه في شغل أو بيكتب رسالة قصيرة أو بريد الكتروني بتركيز علامات النجاح واضحة

عليه. الاستاذ باهر فيه ميزة نادرة جداً في مجتمعنا .. "العمل باجتهاد"
يلحق به راشد ويجاري خطوته السريعة دون توقف.

راشد

صباح الخير! انا جارك وكنت عاوز اكلمك في موضوع مهم ممكن اخد تليفونك؟
يصلوا عند السيارة

باهر

طيب..لو فاضي تعالي معايا ونتكلم في الطريق وابقى ارجع انت بتاكسي مش انت اللي عاوزني هه! (مازحا)
يركبا السيارة

مشهد 6 (نهار/خارجي/سيارة باهر)

راشد وباهر في السيارة في طريقهم للمكتب

باهر

يعني انت شايف فيا علامات النموذج المثالي...يا سيدي شكرا جدا ده اولا وثانيا انا يسعدنى ويشرفنى انى اوافق و ابقى جزء من بحث مهم للبلد انا طول عمرى قدوة في شغلي وده اللي بلد محتاجها علشان نتقدم

مشهد 7 (نهار/داخلي/ مكتب باهر)

راشد يسجل للمدير في مكتبه

باهر

اهم حاجة في حياتي شغلي وأهم حاجة في شغلي حب الموظفين لازم اخليهم يحبوني علشان يسمعوا كلامي وده عن طريق اهتمامي بيهم واحد واحد

مشهد 8 (نهار/داخلي/ شركة باهر)

يظهر باهر في تسجيل راشد وهو يدخل ليتمم على الموظفين.
يقف بالقرب من موظف شاب جديد مبتسم.
يربت باهر على كتفه بابتسامه خفيفة كى لا يقف.

باهر بابتسامة

زي ما انت زي ما انت..هاه ازيك

الموظف الجديد

الحمد لله يا فندم

باهر

ايه أخبار الشغل؟

الموظف الجديد

تمام جدا.

باهر

حد مضايقك في الشغل ولا حاجة؟

الموظف

لا والله خالص.

يتعجب باهر بعصبية

الله! غريبة!!! مع اني قولت لهم يضايقوك!! هابقى اشوف الموضوع ده

و يغادر و هو يفكر و الموظف متعجب.

مشهد 9 (نهار/داخلي/مكتب باهر)

راشد يسجل للمدير في مكتبه

باهر

تاني اهم حاجة هى الانضباط تحسس كل واحد بمسئوليته

مشهد 10 (نهار/داخلي/ شركة باهر)

يظهر باهر في تسجيل راشد وهو يقف على باب الشركة ويصطاد احد الموظفين وهو يدخل الشركة متاخرا

باهر

هه!! الساعة كام في ايدك؟

الموظف

انا آسف يا فندم اصل..
باهر مقاطعا

بغض النظر عن الاسباب انت اتاخرت شوف انا مش هختارلك عقابك..انا هخيرك
يا تيجي في ميعادك يأما تقعد في بيتكوا هه اديني خيرتك قدام الشركة كلها علشان يبقوا شاهدين

مشهد 11 (نهار/داخلي/ مكتب باهر)

راشد يسجل للمدير في مكتبه

باهر

اصعب يوم بالنسبة لي يوم الاجازة انا قائد بطبيعتي هه كل مصري حلمه يشتغل أقل ما يمكن ويقبض اكبر راتب ممكن .. ألا

أنا! أنا هدفي العمل ثم العمل ثم الاجتهاد في العمل ثم المبالغة في الاجتهاد في العمل
تديني مرتب بقى متدنيش دي حاجة ترجعلك لكن انا هشتغل يعنى هشتغل!!

مشهد 12 (نهار/خارجي/ امام شركة باهر)

باهر يحاول فتح باب الشركة بعصبية

البواب

النهاردة اجازة يا بيه

يبدوا على باهر الاحباط فينصرف في عصبية

باهر

هو كل اسبوع؟!

مشهد 13 (ليل/داخلي/منزل راشد)

راشد في منزله يسجل لنفسه

راشد (للكاميرا)
المبالغة في حب الشغل مثالية؟ يمكن! نموذج مهم للبحث
الخطوة القادمة البحث عن نماذج اخرى للدراسة والمقارنة

مشهد 14 (نهار/داخلي/ سوبر ماركت)

راشد يدخل سوبرماركت ويشتري بعض الاغراض يرى رجل مؤدب في سوبرماركت يأتي بأثنين آيس كريم كون و يذهب للكاشير. بمجرد أن يقف امام الكاشير ليحاسب يأتي أليه رجل معه زجاجة واحدة من المياة الغازية في يده و يستأذنه بلطف

الرجل

ممكن بس..علشان مستعجل (يشير له انها زجاجة واحدة فقط)

الرجل مؤدب

أتفضل

و يعطيه دوره فيسحب الرجل عربة ممتلئة على اخرها و يحاسب في وقت طويل بينما يتنظر الرجل مؤدب دوره. يلاحظ من حوله ما حدث فيأتي أليه رجل آخر و يطلب منه أيضا يعطيه دوره يحرج الرجل مؤدب فيخطو إلى الوراء.

الرجل المؤدب

أتفضل

ثم يتكرر الموقف حتى يصبح الرجل المؤدب في أخر الصف ينتظر في هدوء بالرغم من ان الايس كريم بدأ في الذوبان راشد يتعجب من تصرفه و يواصل جولته في السوبر ماركت

مشهد 15 (نهار/خارجي/ امام السوبر ماركت)

راشد يخرج من السوبرماركت ويمشى إلى سيارته يرى الرجل المؤدب يقف بهدوء متكأ على سيارة.
يصل راشد إلى سيارته على بضعة امتار منه. يرن تليفون الرجل المؤدب ويرد راشد يسمعه وهو يضع مشترياته في الشنطة

الرجل المؤدب

آلو أيوه انا عارف والله انا بس كنت بجيب حاجة بسرعة من السوبرماركت.. كان زحمة شوية..انا جي حالا..انا واقف قدام السوبر ماركت.. اصل فيه عربية راكنة صف تاني وقافلة عليا.. ازقها؟! احسن صاحبها يضايق ولا حاجة! طيب!طيب! حاضر هزقها

ينظر حوله ثم يزق السيارة بتردد ورفق بيديه الغارقة بالايس كريم ياتي فجأة رجل عجوز، ضخم، يحمل اناناس وبضعة اكياس ويصيح في وجه

الرجل العجوز
بتعمل أيه؟

الرجل المؤدب
اصل حضرتك كنت قافل عليا وانا مستعجل فقلت بعد اذنك يعني احرك عربية حضرتك علشان اعرف اطلع

الرجل العجوز

بعد اذني؟! تخبطلى العربية ولا توسخهالي بأيديك الملحوسة دي

الرجل المؤدب

انا علشان مؤدب مش هرد عليك...

الرجل العجوز (يسبه)

ماشي يا مؤدب يا ابن ال###... طيب يا مؤدب يا###.... خلى ادبك ينفعك يا ابن ال#####

هنا يفقد راشد اعصابه .. ويكسر صمته ويصيح في وجه العجوز.

راشد

ماتحترم سنك يا ############ بدل ما..
ثم يأخد نفس طويل ثم يواصل
يا #####################
يبهت الرجل العجوز من وابل الالفاظ فيسكت ويركب سيارته ثم يغادر يأتي الرجل المؤدب لراشد

الرجل المؤدب

انا متشكر جدا

راشد

انت سكت له ليه ده مرمتطك اديله فوق دماغه

الرجل المؤدب

عيب برضه راجل كبير في السن

راشد

انت آأدب واحد شفته في حياتى

الرجل المؤدب

من ذوق

راشد

مش متأكد لو كانت مجاملة

الرجل المؤدب

أفندم؟

(الكارت الرجل المؤدب)

- الاسم: هادي راضي
- السن: 35 سنة
- الشخصية: مؤدب!!!
- الاسم الكودي: هادي

مشهد 16 (ليل/داخلي/ منزل راشد)

راشد في منزله يسجل لنفسه

راشد (للكاميرا)

تم العثور على نموذج 2 نموذج الرجل المؤدب الاستاذ هادي راضي

مشهد 17 (نهار/داخلي/منزل المؤدب)

هادي امام الكاميرا و راشد يوجه له الاسئلة من خلف الكاميرا

هادي

لأ ابدا عمرى ما حسيت ان الادب ممكن يكون عيب..بالعكس الادب بيعلم الصبر والتحكم في الاعصاب..اتعودت على كده من صغري

مشهد 18 (نهار/خارجي/ المدرسة)

هادي وهو طفل في المدرسة يحمل ربع جنيه منتظر دوره. امامه كومة من الطلاب يتراكمون عند شباك الكانتين، يصيحون ويتدافعون. وهو يقف بهدوء وراءهم ما ان يخلو الشباك ويتقدم بطلبه

هادي(وهوطفل)

لو سمحت! ممكن واحد..

يرن جرس الفسحة ويغلق الشباك في وجهه بقوة

مشهد 19 (نهار/داخلي/ محل فول)

هادي في محل فول و طعمية يقف عن استلام الساندوتشات وسط الزحام و الجميع يصيح و يتدافع و هو صامت ينتظر دوره في ادب.
يمر الوقت لدرجة انه نام مكانه و لا يوجد أحد غيره فيوقظه البائع ويسأله

البائع

طالب أيه؟

هادي

واحد و واحد

البائع

الطعمية خلصت أعملك اثنين فول من غير سلطة

هادي (مغلوبا على امره)

ماشي .. شكراً!

مشهد 20 (نهار/داخلي/ منزل المؤدب)

هادي للكاميرا

هادي

وعلى فكرة كل اللي حوليا بيحبوني جدا زي ما انا

مشهد 21 (نهار/داخلي/مقرعمل المؤدب شركة "أحسن لك")

هادي يقف في بوفيه الشغل بجانب زميل له وهو يعد القهوة

زميله

ازيك؟ عامل ايه؟

هادي

الحمد لله

زميله

انت عارف انت بتفكرني بأيه؟

هادي (مبتسما)

بأيه؟

زميله(متعجبا)

ولا حاجة..

ثم يتركه وحيدا محبطا

مشهد 22 (نهار/داخلي/منزل المؤدب)

هادي للكاميرا

هادي

لأ أكيد بفقد أعصابي طبعا اتقي شر الحليم انا مرة نسيت نفسي في الشغل ونسيت نفسي تماما

مشهد 23 (نهار/داخلي/ شركة "أحسن لك")

هادي في الشغل منفعل جدا وزملائه يحاولون تهدئته ولكنه يفلت نفسه منهم

هادي

سيبوني مش هسكت اوعوا

ثم يفلت منهم و يتجه بعصبية إلى مكتب مديره ثم يخبط علي الباب مرة ومرة اخرى و مرة اخرى
حتى يسمع الرد

مديره من وراء الباب

اتفضل!

فيركل الباب بقدمه ثم يدخل

مشهد 24 (ليل/داخلي/ منزل)

راشد في منزله يسجل لنفسه

راشد (للكاميرا)

واضح أن فيه نماذج كثيرة من المصريين مخطروش على بالي قبل كده آأدب راجل شوفته في حياتي..
بحترمه اوي والى حد ما بشفق عليه! اوي! خصوصا وسط مجتمع معظمة بيحترمش كلمة لو سمحت وبيشوفوا الادب ضعف والطيبة خيبة

مشهد 25 (نهار/داخلي/ خارجي/الجراج)

الشاب الفقير، طارق اصدقاؤه يدعونه "تي" بناء على طلبه ،عنده عشرين سنة، رفيع جداً، اسمر، شعره اسود طويل ومدهون بشيء ما دائماً، لا يخلع سماعات الام. بي.ثري. من اذنيه تقريباً. يعمل في مصنع ثلج، يعيش في الجراج مع أمه وليس لهم غير بعض. حجرته تقليد ردئ لحجرة عمرو دياب في فيلم "آيس كريم في جليم".

بدأ يومه على اغانيه المفضلة يسرح شعره بمشط صغير يمرر المشط بيد من جبهته إلى مؤخرة رأسه ثم يسقط المشط وراء ظهره و يلتقطه بيده الأخرى ويعاود نفس الحركة وهو يرقص. يربط دوبارة مكان الحزام ويرتدي شبشب عليه علامة ميتال روك يتفقد نفسه مرة اخيرة في ربع مرآه قديمة لدرجة انه يرى نفسه بصعوبة ثم يخرج ويركب دراجته الهوائية التي يضع عليها لوحة مثل لوح السيارات مكتوب عليها "ر . ض . ى"

يقود دراجته بخفة وتهور وسط الشوارع. يقف في اشارة مرور وينظر لفتاة جميلة جدا في سيارة سبور ويغمز لها بكل ثقة.

(كارت الفقير)

- الاسم: طارق ابو العطا (الشهير بـ"تي")
- السن: 20 سنة
- الشخصية: محب للحياة، غير انهزامي، يتكيف مع البيئة المحيطة
- المهنة: عامل توصيل بمصنع ثلج
- الاسم الكودي: تي

راشد يقف في نفس اشارة المرور ويرى "تي" ويتعجب من ثقته الزائدة واسلوبه. بمجرد ان تفتح الاشارة ينطلق "تي" بسرعة وكأنه في تحدي سرعة مع سيارات. فجأة تأتي سيارة مسرعة من على شماله وتطيره. راشد يرى المنظر وتجحظ عيناه من الذهول.

مشهد 26 (ليل/داخلي/مستشفى)

راشد مع "تي" غرفته في المستشفى يجلس في هدوء منتظراً ان يفيق "تي" كي يطمئن عليه. "تي" يفيق شيئا فشيئا إلى أن يفيق تماما ويرى راشد

"تي"

أنا فين؟

راشد

في المستشفى

يحاول أن ينهض

"تي"

أيه؟!

راشد (يحاول تهدئته)

انت كويس متقلقش مفكش حاجة خطيرة

"تي" يهدأ

أيه اللي حصل

راشد

عربية خبطتك بس الدكتور طمنا كتفك الشمال اتخلع لكن انت تمام وهنجبلك عجلة جديدة بدل اللي ادشدشت

"تي"
يمسك في رقبة راشد

الام بي سري

فين الام بي سري بتاعي

راشد

أهوه معايا سليم اهوه!

يأخذه ويهدأ

"تي"
الحمد لله...يا ساتر الحمد لله

راشد

للدرجة دي؟!!

"تي"

انا بقالي 3 سنين بنزل عليه أغاني راب وهيب هوب تخيل لو كان ضاع!

راشد

طيب خد تليفونك كمان علشان تطمن أهلك انا مرضتش اكلمهم واقلقهم عليك قلت لما تكلموهم بنفسك ويسمعوا صوتك مش هيتخطوا

"تي"

يأخذ التيلفون

آآآ هكلمهم طبعا بس ايدك معايا قومني علشان عايز اصفر

راشد

تصفر؟!!

"تي"

اصفر! اصفر التانك!
عاوز اخش الحمام

مشهد 27 (ليل/خارجي/امام المستشفى)

فريدة بدران فريدة تقف امام المستشفى في قلق. يخرج راشد من الباب ويذهب ليتحدث إليها. بمجرد أن تراه تذهب إليه. تتكلم بقلق لكن بهدوء

فريدة

طمني؟

قبل أن يرد راشد تواصل بفزع

مات؟ مات؟ هتسجن؟ رحت خلاص! رحت خلاص!

(الكارت)

- الاسم: فريدة بدران
- السن: 31 سنة
- الشخصية: سطحية، مرتبكة، غير ناضجة
- المهنة: مذيعة
- الاسم الكودي: المذيعة

راشد

بس! بس! أيه
اطمني مفهوش حاجة كتفه اتخلع وفيه شوية كدمات مفهوش حاجة!

فريدة

الحمد لله...يا ساتر والله ده علشان أمي بس ربنا ستر أنا مش قادرة...مش قادرة على الضغط العصبي ده انا آسفة...مش أوي! لكن آسفة تعبتك معايا اصلي مبقدرش استحمل جو المستشفيات ده وريحة الادوية والاضاءة البيضة بحس انى عند دكتور الاسنان

تنفعل مرة أخرى

قلت له أنى مستعدة ادفع له اللي هو عاوزه هه؟ هه؟ قلت له؟

راشد

قلت له بس هو مش عايز فلوس

بقوة مفاجأة

فريدة

لا مش انا اللي هيقعد يسوامها انا صحيح منهارة لكن برضه جبارة

تهدأ وتسرح

مع إني طيبة والله!

راشد

هو مش عايز فلوس.. هو عايز ديكودر في اوضته!

مشهد 28 (ليل/داخلي/منزل راشد)

راشد في منزله يتحدث للكاميرا

راشد

طارق أو "تي" وفريدة في اعتقادي من أهم نماذج البحث. اهتمام "تي" بالغرب وثقافته هو مجرد انعكاس مركز لاهتمامنا احنا شخصيا وقياسنا لتحضرنا بمدى التشابه بنا وبينهم. أما فريدة فهي نموذج للبنت المصرية العصرية اللي اتعلمت كويس، سافرت واشتغلت من الاخر ملهاش حجة متبقاش مثالية.

مشهد 29 (نهار/خارجي/الشارع)

فريدة تقف في الشارع ممسكة بميكروفون وحولها الفريق الكامل للتصوير. قبل أن تقبل على أحد المارة للتسجيل معه يرن هاتفها فترد.

فريدة

آلو .. راشد ازيك.. انا بصور في الشارع .. مفتكرش هلحق .. كلمني بعد ما توصله هحاول اخلص بسرعة
سلام

فريدة للمخرج

فريدة

أنا لازم امشي فعلا

المخرج

لسه فاضل لقائين كمان يلا اعمليهم ونروح كلنا

فريدة

لكن..

المخرج

يلا يا فريدة لو سمحتي

فريدة

بس..

المخرج

يلا متضيعيش وقتك لو عايزة تمشي
تبتسم ابتسامة صفراء وتوافق لكن على مضض

المخرج
شكراً يا فريدة

فريدة تقبل على أحد المارة بابتسامة عريضة

فريدة

مساء الخير

الرجل

مساء النور

فريدة

تسمح لي اعطلك شوية؟

الرجل

آه طبعا اتفضلي

فريدة تعقد يداها وتهز رجلها تسكت وتسرح لمدة ثوان ثم تعود للرجل بالميكروفون

فريدة

طيب متشكره أوي

الرجل

العفو!

يتعجب الرجل وينصرف يصيح المخرج بغضب

المخرج

أيه اللي بتعمليه ده يا فريدة؟!

فريدة (مبررة)

مستعجلة!!!

شهد 30 (نهار/ خارجي/ سيارة راشد)

راشد مع "تي" في السيارة بعدما ألتقطه من المستشفى

"تي"

بص انا بييس دايس معاك بس اللي هيطلع التوب هياخد أيه؟

راشد

مش هياخد حاجة!

"تي"

امال ايه الفايدة؟!!

راشد

على كلام الدكتور ثابت الدراسة مفيدة للبلد

"تي"

ماشي معاك بس انت لازم تفيدني علشان افيد البلد. لازم يبقى فيه جايزة ولا هو تضيع وقت انا اقعد اتفرج على كليبات احسن.

راشد

طيب سيبني شوية وهرد عليك في الموضوع ده .. بس انت موافق على المبدأ يعنى

"تي"

قلت لك .. انا في المفيد لو هستفيد!!!

مشهد 31 (نهار/داخلي/الجراج)

بمجرد أن يقف راشد بالسيارة عند مدخل الجراج الذي يعيش فيه تخرج من الداخل سيدة ضخمة، ذات وجه مرعب، متحفزة،

شرسة، نظراتها تتوعد لمن امامها بأسوأ اوقات حياته في حال الصدام معها.
تخرج من الداخل وتخبط على السيارة من الامام بيديها الاثنين وهي تصيح بصوت جهور

السيدة

مفيش راكنه هنا!!!!!!!!!!

(الكارت)

- الاسم: أم طارق (لاتصرح باسمها الشخصي)
- السن: فوق ال45 سنة
- الشخصية: وحش كاسر
- المهنة: مسئولة عن جراج العمارة وتساعد صاحبة العمارة في شغل البيت
- الاسم الكودي: المكافحة

يخرج "تي" سريعا من الي الشباك

"تي"

ده انا ياما

انا أهوه

ترفع يديها من على السيارة وتتجه إلى "تي" وبمجرد أن يخرج من السيارة تحتضنه بقوة ثم توقفه امامها

أم طارق

حمد الله على السلامة خبطة تفوت ولاحد يموت انت كويس؟

"تي"

انا كويس الحمد لله ياما

أم طارق

طبعاً كويس! مش راجل؟

لا يجاوبها أحد منهم فتصيح فيهم بصوت عالي

أم طارق

راجل ولا مش راجل؟؟!!

راشد

راجل طبعا!

أم طارق

راجل ولا مش راجل؟!

"تي"

راجل ياما تربيتك تسلم ايديك

تلتفت إلى راشد وتنظر إليه شذراً

أم طارق

مين ده؟ ده اللي خبطتك؟

راشد

لا والله ما انا .. انا

"تي"

لا ياما ده استجدع معايا وراعاني وكمان جابلي حقي ناشف

أم طارق

اذا كان كده معلش!

تحملق في راشد شذراً راشد ينظر إلى "تي" بعنينه فقط ثم ينظر إليها مرة أخرى .تنظر إليه شذراً "تي" ينظر إليها وإلى راشد.
راشد يشير لـ"تي" متعجبا
"تي" يشير برأسه لكي لا يبالي... مازالت تنظر إليه شذراً

مشهد 32 (وقت الغروب/ داخلي/الجراج)

راشد في غرفة "تي" وقد أوصل له الشاشة والريسيفر ثم يلتفت إلى "تي" مبتسما

راشد

يلا يا عم هبعتلك الراجل بكرة أو بعده بالكتير يركبلك الدش ويبقى عندك كل القنوات

"تي"

انت مااان

فجأة تظهر أم "تي" ومعها سيدة عجوز تتبعها ببطء

ام طارق

مدام رتيبة جاية تتطمن عليك

يهمس لراشد بتفاخر

"تي"

دي الحاجة صاحبة العمارة جاية تتطمن عليا

تظهر من خلف أم طارق

رتيبة

حمد الله على السلامة يا طارق عامل أيه دلوقتي؟

"تي"

الحمد لله .. انا تمام .. ربنا يخليكي

رتيبة

مش عايز حاجة؟

"تي"

لو مفهاش مأخذه بس تطلعى لأمي سلفة من مرتبها يبقى كتر خيريك .. علشان المصاريف وكده .. انا مش هقدر اشتغل الكام يوم اللي جايين دولم واحضرتك عارفة اني بشتغل باليومية يعني الرقدة بشدة.

بعد ما انصتت إليه طوال الوقت دون أن تلتفت

رتيبة

طيب .. همشي أنا بقى سلامتك يا طارق

(الكارت)

- الاسم: رتيبة راتب
- السن: 71 سنة
- الشخصية: بخيلة، انطوائية
- المهنة: على المعاش من زمااان
- الاسم الكودي: العجوز

تواصل طريقها إلى الخارج ببطء شديد راشد يشعر بالإحراج ثم يستأذن بالانصراف

راشد

طيب همشي انا بقى..

يصطنع النظر إلى ساعته

يدوبك .. طارق نمرتي معاك لو احتجت أي حاجة كلمني أي وقت يلا سلام

"تي"

انت محترم والنعمة

ملمحا إلى رتيبة راشد يتجه إلى الممر الضيق الذي يوصل منزل طارق بالجراج إلى الخارج ولكنه يجد ان رتيبة مازالت في أول الممر تمشى في خطى بطيئة للغاية راشد يسلم على "تي" وامة

راشد

طيب مع السلامة

يحاول المرور من رتيبة لكن دون جدوى

راشد
مع السلامة

يجاول مرة أخرى ولا يستطيع المرور من رتيبة فيرتكن على الحائط ويقول لهم

راشد

لا اتفضلوا انتوا انا قدامي شوية

ينظر إلى ساعته ثم إلى رتيبة ويتنهد منتظراً.

مشهد 33 (ليل/ داخلي/ كافية)

راشد مع فريدة داخل احد الكافيهات

فريدة

ما تعرض على "تي" ده 500، 600 جنيه وخلاص ده كحيان وهيوافق بأي مبلغ

راشد

الموضوع مش "تي" لوحده .. هو لفت نظري لحاجة مهمة فعلا.. انا محتاج دافع للناس .. حافز غير ان الدراسة مفيدة وخلاص ودي لو كانت بالأهمية دي! في اي وقت لو حد فيهم زهق هيخلع وانا اضرب دماغي في الحيط وارجع بقى ادور من الأول .. انا عايز اخلص مش ممكن بقالي في الدكتوراة كل ده .. عايز اتحرك بقى

فريدة

خلاص خد قرض من البنك كام الف جنيه كده واعملهم جايزة

راشد

انا ناقص ديون ومصاريف! قرض أيه بس... أنا لو ألاقي حد يشيل عني الليلة دي .. لو كنا زي برة ممكن أي شركة ولا رجل أعمال يرعى دراسة زي دي كنت ارتحت وبقت تمام

فريدة

طب بقولك أيه .. رأفت بيشتغل مع امير عبد الغني .. اكلمهولك

راشد

مفيش مشاكل ... بس مين رافت ومين امير عبد الغنى؟

فريدة

اقولك رافت ده يا سيدى جوز أختي شغال مع رجل اعمال
اسمه امير عبد الغنى
صحبه ودراعة اليمين كمان ممكن اكلمهولك يحدد لك ميعاد
معاه رأفت دايماً بيقولي ان أمير
بيصرف بس وكل شوية بيخش في حاجة شكل وهو له في
الثقافة والاكتشافات والجو بتاعك ده
أيه رأيك؟

راشد

طبعاً .. ياريت
يشرب القهوة راشد يسرح قليلا يأتي الجرسون ويسأل بابتسامة

الجرسون

الأوردر كويس يا فندم؟

راشد

الله هنا كمان؟!!! كويس .. والله كويس

مشهد 34 (نهار/داخلي/عمارة رأفت)

يفتح باب الاسانسير و يخرج أمير من الباب وهو يحمل هدية و من خلفه اثنان من مساعديه يحملان اطنان من الهدايا.

(الكارت)

- الاسم: أمير عبد الغني
- السن: 30 سنة
- الشخصية: غير محددة بعد
- المهنة: رجل أعمال (غني بالوراثة)
- الاسم الكودي: المنتج

يقف امام باب شقة رأفت ويرن الجرس يفتح له رأفت مبتسماً ومرحباً

(الكارت)

- الاسم: رأفت الديب
- السن: 48 سنة
- الشخصية: انتهازي، مستغل، مخادع، اناني، طماع...ألخ
- المهنة: مدير مكتب أمير وذراعه اليمين
- الاسم الكودي: المساعد

رأفت بفرحة عارمة

رأفت

أيه المفاجأة الحلوة دي؟! معقولة حمدالله على السلامة

يأخذه بالحضن

رأفت

مش قلت انك راجع بكرة

أمير (مازحا)

انا قلت اطب عليك احسن

رأفت

اتفضل .. اتفضل

أمير يعطيه الهدية التي يحملها بنفسه وهو يدخل

رأفت

ليه بس التعب ده هو انت غريب؟!

رأفت يأمر المساعدين بصرامة

رأفت

حطوا الحاجة هنا

ثم يبتسم لأمير

ده الاولاد هيزقتطوا

مشهد 35 (نهار/داخلي/ منزل رأفت)

أمير ورأفت يجلسان في الصالون. أمير يحتسي القليل من القهوة.

رأفت

على الله تكون انبسط في السفرية وكانت مريحة مش زي اللي قبلها

أمير

اوزتركنستان تحفة عندهم أكله اسمها سندروس مش ممكن لو كلتها كل يوم مزهقش منها انت فايتك كتير أوي

رأفت

مش بمزاجي يا امير انا نفسي اعمل زيك بس انت عارف بقى المسئوليات والالتزامات اللي ورا الواحد

أمير

ربنا في عونك

يرن جرس الباب

رأفت

ثانية واحدة افتح الباب .. اصلي معنديش شغالة

رأفت يترك الصالون ويخرج ليفتح الباب يظل أمير في الصالون يحتسي القهوة. وصوت ما يدور في الخارج واضح عنده. صوت الباب يفتح

صوت رأفت

بابا .. أهلاً أهلاً

أبو رأفت

ازيك يا حبيبي.. امال فين الاولاد انا عاملهم حتة مفاجأة

صوت رأفت

يا اولاد يا حمزة يا فرح تعالوا شوفوا جدو جابلكوا أيه

صوت الاولاد

جدو جدو

ابو رأفت

حبايب قلبي بصوا جدو جابلكوا أيه
الاولاد بفرحة عارمة وفي نفس واحد
زومبيرة!!!!!

يتعجب أمير

أبو رأفت

جبت لكل واحد فيكوا واحدة علشان متتخنقوش مع بعض.
يلا روحوا ألعبوا وهيصو

امير يحاول أن يرى الزومبيرة في يد الاولاد ولكنهم يمرون بسرعة وهم يغنون فرحاً

الاولاد

زومبيرة .. زومبيرة .. زومبيرة

صوت رأفت

معقولة يا بابا...كل واحد زومبيرة؟
أيه التكاليف دي كلها؟! ده كتير اوي اوي يعني

ابو رأفت

هو انا عندي اغلى منهم ولا الف زومبيرة تغلى عليهم

رأفت

ربنا يخليك ليهم يا بابا .. لمياء جوه اقعد معاها انا عندي واحد صاحبي في الصالون هقعد معاه واجيلكم

رأفت يدخل الصالون

رأفت

ده بابا جي يشوف الاولاد

أمير
الاولاد فرحوا بالزومبيرة اكتر من الحاجات اللي جبتهالهم

رأفت (يضحك)

انت عارف بقى موضات العيال

أمير

هى أيه الزومبيرة دي؟

رأفت (يضحك)

ثم يتعجب انت بتتكلم جد؟ هو فيه حد ميعرفش الزومبيرة؟!!!

أمير (يتراجع)

لا طبعا بهرج معاك

رأفت
انا قلت برضة...
يفكر قليلا ثم يستطرد

رأفت

بقولك أيه...الزومبيرة دي بتبيع هبل ماتيجي نصنعها هنا بدل ما التجار بيستوردوها من برة بدم قلبهم وده لو لاقوها من أساسه .. احنا نصنعها ونبعهالهم وعبال ما تروح موضتها نكون كنزناهم

أمير

الزومبيرة؟!

رأفت (بثقة)

طبعاً

أمير

ماشي .. ظبط

رأفت (بفرحة)

الله عليك! من بكرة هشوفلك حتة ارض في الحنين وفي حتة معفية من الضرايب بس هنحتاج مساحة كبيرة علشان تقضي وهظبتلك كل حاجة مع المحامي على الامضاء كمان

أمير

ماشي. انا هروح البيت دلوقتي. اريح وهكلمك بليل انت فاضي؟

رأفت

انا معاك في اي حاجة

أمير

مع السلامة

مشهد 36 (نهار/ داخلي/ عمارة رأفت)

يخرج أمير من الباب ولكن يسمع صوت الاولاد من وراء الباب
فرح

بابا بابا حمزة عايز ياخد الزومبيرة بتاعتي

رأفت

وبعدين .. جدو جاب لكل واحد فيكوا زومبيرتوه حمزة خليك
في زومبرتك

أمير يتعجب بشدة وتشغل باله الزومبيرة!

مشهد 37 (نهار/داخلي/الشارع)

أمير في سيارته سرحان يتذكر صوت الاولاد وهم يغنون فرحاً: زومبيرة .. زومبيرة يرى اعلان كبير في الشارع للزومبيرة لكن في صندوق. يرى محل لعب يعلن انه يبيع الزومبيرة فيشير للسائق فوراً

أمير

أقف هنا

ثم ينزل من السيارة مسرعاً

مشهد 38 (نهار/داخلي/ محل لعب)

أمير امام محل اللعب يدخل ويسأل البائع

أمير

مساء الخير..

البائع

مساء النور يا فندم اؤمر

أمير

عندوكوا زومبيرة؟

البائع (بفخر)

طبعا يا فندم

أمير

طيب عايز واحدة

البائع

تحت امرك

أمير

بكام هي؟

البائع

اتفضل يا فندم عند الكاشير
سعرنا 700 دولار + مصاريف الشحن
وبتوصل خلال 3 شهور

أمير

!!!!

مشهد 39 (نهار/داخلي/ مكتب امير)

نرى راشد جالس في انتظار مقابلة امير بجانبه يجلس شاب اخر يرتدي بدله خضراء اللون الشاب يمد يده لراشد

أحمد فراج

مساء الخير يا فندم

راشد

مساء النور

احمد فراج

احمد فراج مخترع

راشد

أهلاً وسهلاً

احمد فراج

حضرتك مخترع برضه؟

راشد

لا

احمد فراج

امال شغال ايه راشد انا باعمل ..
قبل ان يكمل راشد نجد السكرتيرة تحدثهما

السكرتيرة

اتفضلوا

احمد فراج

انا اللي جي الاول

السكرتيرة

استاذ امير هيقابلكوا مع بعض علشان معندوش وقت النهاردة

مشهد 40 (نهار/داخلي/ مكتب امير)

امير جالسا على مكتبه وبجانبه نرى احمد فراج يفتح كيس ويخرج منه اختراعات يضعها على المكتب مثل البائعين

امير

باعتذر انى مقابلتش كل واحد فيكوا لوحده بس الحقيقة انا مشغول جدا وانتوا عارفين ان الوقت كالسيف
ان لم تقطعه قطعك حتت

احمد فراج

طبعا يا فندم .. الوقت ده اهم حاجة في حياتنا عشان كده انا مش بضيع ثانية واحدة من حياتي فى الفاضى
باستغل كل دقيقة وباعملها قيمة انا احمد فراج المخترع اللي كلمت حضرتك

امير

من جامعة الدول

احمد فراج

مظبوط يا فندم انا مش هتطول عليكم .. وهخش في الموضوع على طول علشان عندي معاد في القصر كمان شوية

امير

اتفضل يا فندم ..

أحمد فراج

الحقيقة انا شغلي كله منحصر في خدمة هدف واحد فقط ألا وهو خدمة المواطن المصري بصفة خاصة والمواطن العربي بصفة عامة انا اتصلت بحضرتك من غير تردد لأني متأكد انك هتساعدني اقدم اختراعي ده للناس..

ثم يخرج مصيدة فئران بأزرار كثيرة ثم يواصل

أحمد فراج

دي مصيدة فئران الكترونية طورتها في خمس سنين منمنتش .. فعالة .. صديقة للبيئة و..

امير

أيه ده يا فندم؟
أيه علاقة جامعة الدول بالفئران

أحمد فراج

ده مفيش اكثر من الفئران في جامعة الدول! محلات الاكل دي كلها مع عوامل ال ..

امير

محلات اكل!!! ال .. هو مش حضرتك كلمتني من جامعة الدول العربية

أحمد فراج

أيوة .. انا كلمتك من شارع جامعة الدول العربية

امير

والميعاد اللي ورا حضرتك في القصر كمان شوية ده في القصر العيني مش في القصر الجمهوري؟

أحمد فراج

بالظبط كدة

احمد فراج

واضح ان ده معجبشى حضرتك طب شوف الاختراع ده

امير

اطلعوا بره

راشد

بس انا مش معاه انا جي بخصوص الرعاية بتاعت الدراسة الاجتماعية

امير لراشد

طيب خليك انت

امير لفراج

اطلع انت بره يا نصاب

احمد فراج

افهم حضرتك بس

امير

هاتطلع ولا؟؟

احمد فراج وهو يلم اختراعاته التي فرشها على المكتب

احمد فراج

خلاص خلاص طالع

احمد فراج يخرج، ولكنه يسمع راشد

راشد

انا يا فندم باعمل دراسة اجتماعية .. بحث عن النموذج المصري المثالي وعرفت ان حضرتك بتمول المشاريع الشبابية خصوصا لو فيها اعفاء ضريبى

امير ينتبه لموضوع الضرائب

أمير (يبتسم)

انت قلت كلمت السر .. انا موافق بس بشرط!

راشد

اتفضل!

أمير

ابقى جزء من الدراسة

هنا يتدخل رأفت

رأفت

أمير بيه حابب انه يكون من عينة البحث كتجربة جديدة وفي نفس الوقت يتابع الدراسة ومصاريفها عن قرب

أمير (ضاحكاً)

وأهوه برضة لو كسبت الفلوس .. متطلعش برة ترجع بيتها

راشد

انا معنديش مشكلة طبعاً بالعكس وجود حضرتك في الدراسة شئ مشرف... بس انا بس حابب إني اوضح لحضرتك انها مش مسابقة!

أمير

مش مسابقة ازاي؟!! مش فيه جايزة

راشد

أيوه لكن ..

أمير

بدام فيه جايزة تبقى مسابقة!

راشد

أيوه الجايزة دافع مالي مش اكتر

أمير

يا سيدي انا اللي دافع واللي هيقبض هو الكسبان على العموم مش ده المهم انا متحمس نبتدي تعالى اديك فكرة سريعة عن نفسي علشان تدخلني المسابقة من النهاردة
ينهض ويتجه مسرعاً خارج المكتب وراشد ورأفت وراءه

راشد

هي مش مسابقة يا فندم!

رأفت يشير له بالطتنيش

مشهد 41 (نهار/داخلي/شركة أمير) امام المكتب

قبل فتح باب المكتب نلاحظ ان فراج كان يتصنت على كل الحديث السابق ثم يجرى مسرعا قبل خروجهما راشد وهو يسلم على امير ورافت

راشد

انا متشكر جدا

امير

قبل ماتمشى لازم افرجك على اهم انجاز عملته فى حياتي اللي هيخلد اسمى بعد ما أموت

مشهد 42 (نهار/داخلي/شركة أمير)

أمير يأخذ راشد في جولة إلى الجاليري الفني الخاص به. يصلوا عند باب الجاليري حيث يحرسه اثنان من الحرس الشداد. أمير يقف بفخر وتأثر ويلتفت لراشد

أمير

ده بقى أهم مكان في حياتي مشاعري كلها جوة هنا .. انا هنا .. جوة

يشير إلى الحرس

افتحوا الباب

مشهد 43 (نهار/داخلي/الجاليري)

يدخلوا الجاليري الاشبه بمعارض الرسم. يوجد صف من اللوحات على الجانبين وبعض التماثيل والقطع الفنية في المنتصف تبتعد كل قطعة عن الاخرى بحوالي اثنين ونصف متر

أمير

بحب كل انواع الفن التشكيلي، التجريدي، التعبيري، السريالي .. اللوح والتماثيل اللي هنا تعدي 20 مليون دولار

راشد

مجموعة مبهرة فعلاً

أمير

استنى .. امال لما تشوف أغلى لوحة عندي هتقول أيه .. مش بس جميلة دي عبقرية

في أخر الرواق يوجد باب أخر أمير يقود راشد إليه. امام الباب حراسة أخرى مشددة أكثر من الحراسة الخارجية وتوجد كاميرات واشعة ليزر كاشفة للحركة يقف أمير امام جهاز لمسح بصمات اليد وجهاز أخر للتعريف الصوتي، بل وأخر لمسح بصمة العين.
بعد أن ينتهي يدخلان حجرة صغيرة رائعة الجمال. وفي أخرها لوحة واحدة فقط مغطاة بقماش حرير ذهبي.
يقفوا أمامها وأمير في منتهى الفخر والهيام بالصورة

أمير

دي أغلى لوحة عندي .. بعشقها .. جميلة .. عبقرية .. اشترتها من مدرسة الفن التجريبي بباريس.. ثم يكشف الستار

راشد يجدها عبارة عن برواز ذهبي سميك وبداخله صفحة بيضاء، فارغة ليس بها خط أو نقطة واحدة

لوحة..

الفـــــــــــراغ

مشهد 44 (نهار/خارجى/امام عمارة امير)

راشد يخرج من العمارة ونجد احمد فراج فى انتظاره احمد يجرى على راشد مسرعا مناديا

احمد فراج

استاذ راشد .. استاذ راشد

راشد يقف الى نداء احمد الذي يقترب منه

احمد فراج

انت مش فاكرني انا احمد فراج المخترع

راشد

ايوة احنا كنا مع بعض فوق

احمد فراج

انا عايز انضم لبحث لحضرتك

راشد يندهش انه عرف ذلك

احمد فراج

الصراحة انا سمعتكوا وعرفت موضوع البحث وانا متأكد انى لو اشتركت معاك في المسابقة .. آآه قصدي البحث مش هتحتاج تدور على حد تاني لإنك هتلاقى فيا مواصفات النموذج المثالي المصري

(الكارت)

- الاسم: أحمد فراج
- السن: 53 سنة
- الشخصية: مثابر مثابر مثابر
- المهنة: مخترع مغمور
- الاسم الكودي: المخترع

مشهد 45 (ليل/داخلي/منزل فريدة)

راشد يسجل لفريدة وتتحدث إلى الكاميرا

فريدة

النهاردة عندي تقريرعن مسرحية اندرجراوند underground يعني فرقة هواه مش محترفيين

راشد (من وراء الكاميرا)

تقدري تقولي لنا أيه تاني عن فرق الاندرجراوند في مصر
فريدة (بثقة)
ولاحاجة!

راشد (من وراء الكاميرا)

خالص!

فريدة (نفياً)

آآ آم

مشهد 46 (ليل/خارجي/ مسرح مفتوح)

راشد يصور فريدة بالكاميرا وهم يدخلون المسرحية. ونرى من وجه نظر راشد فريدة ممسكة بالميكروفون ويتبعها المصور الخاص بالقناة التي تعمل بها. فريدة سعيدة ومتحمسة وتشير لراشد

فريدة

يلا يلا .. فيه مكان فاضي هناك

يمرون عبر الزحام حتى يصلوا إلى منطقة يرون فيها المسرح بوضوح. راشد يجد على المسرح مجموعة من الشباب في الخلفية يجلسون في وضع القرفصاء المسرح مضاء بأضاءة ارجوانية، زهرية، وازرق غامق خافت يقف في منتصف المسرح شاب في أوائل العشرينيات يرتدي بنطلون جينز اسود وتي شيرت اسود ويمثل بانفعال

(الكارت)

- الاسم: ضياء راغب
- السن: 33 سنة
- الشخصية: حالم، طموح، غير واقعي، نرجسي إلى حد ما
- المهنة: بيحاول يبقى ممثل
- الاسم الكودي: الفنان

الممثل على المسرح يصدر اصواتاً غريبة متحشرجة والجمهور يتفاعل معه بالتصفيق والصياح.
راشد يخفض الكاميرا ويسرح

مشهد 47 (ليل/داخلي/منزل ضياء)

الممثل يتحدث للكاميرا وراشد يسجل له

الممثل

اسمي ضياء راغب ابتديت تمثيل من 3 سنين في مسرحيات الاندرجراوند لكن طول عمر التمثيل في دمي من وانا صغير بمثل إعلانات

راشد (من وراء الكاميرا)

ممكن تكلمني عن فن الاندرجراوند ؟

ضياء

هي فرق هواة بيعبروا عن مشاعر واحاسيس الناس من غير أي قيود يفرضها عليك منتج أو مخرج أو حتى الجمهور نفسه يعني المسرحية اللي عرضناها النهاردة مثلا كلها تعبيرات صوتية غير كلامية لكنها ممكن تكون اعمق من الكلام

قطع إلى مشهد من المسرحية. ضياء على المسرح يتحرك مثل لوح الخشب يمينا وشمالا ويصدر صوت
تزيييء

العودة من القطع

ضياء للكاميرا

بتعبر عن مشاعر الناس من ناحية المجتمع

قطع إلى مشهد من المسرحية.

ضياء يزوم مثل الكلب للممثلين الاخريين على المسرح

العودة من القطع

ضياء للكاميرا

من ناحية حياتهم اليومية

قطع إلى مشهد من المسرحية.

ضياء(يحزق بصعوبة)

العودة من القطع

راشد (من وراء الكاميرا)

شكرا يا ضياء انا سعيد انك انضميت للبحث

ضياء

وانا كمان..ويارب اكسب ال250 الف

راشد

هي مش مسابقة على فكرة

ضياء

يعنى مفيش جايزة!!!

راشد

لا فيه طبعاً

ضياء

تبقى مسابقة

ضياء يقترب ويحملق في الكاميرا

ضياء

الكاميرا دي اتش. دي. ؟

مشهد 48 (ليل/داخلي/غرفة نوم أمير)

أمير يتقلب مراراً وتكراراً. ثم ينهض من السرير. يذهب إلى مكتبة ويشغل اللاب توب. يكتب على جوجل كلمة زومبيرة. يجد الموقع الرسمي فيفرح ويضغط عليه بلهفة. بعد تحميل بطئ إلى حد ما تظهر صورة للزومبيرة لكن أيضا في الصندوق دون أن يظهر منها شيء يضغط على المحتويات ليقرأ الشرح فيجد أن الموقع كله باللغة الكورية! يغلق اللاب توب بعصبية

مشهد 49 (نهار/داخلي/ مكتب باهر)

راشد يسجل لباهر ممتاز في مكتبه

باهر للكاميرا

انا النهاردة مستني وفد ياباني جي يزور الشركة علشان يعمل معانا صفقة ممكن تنقل الشركة لمستوى تاني ورغم اني مستني الزيارة دي بفارغ الصبر ألا أني مش سايب الموضوع ده يأثر على تركيزي في العمل

قطع إلى:

باهر يسأل عن الوفد بالتليفون: الوفد جه؟

يفتح الباب في وجه المارة بطرقات الشركة ويخرج منه فجأة: الوفد جه؟

أحدهم يدخل الحمام ليغسل يديه وبمجرد أن يفتح صنبور المياه يسمع صوت باهر من احد الكبائن: الوفد جه؟

مشهد 50 (نهار/خارجي/ امام السوبر ماركت)

راشد مع "تي". "تي" يسلم الثلج لسوبرماركت ويخرجوا من باب المخزن يستلم منهم الفلوس والبقشيش

"تي"

تعالى نشرب حاجة

يدخلان

مشهد 51 (نهار/داخلي/ سوبر ماركت)

راشد و "تي" بداخل مترو ماركت امام ثلاجة العصائر "تي" يمسك بزجاجة عصير برتقال يتفحص فيها ممسكا الفلوس في يده يقرأ على الزجاجة "يشرب خلال 48 ساعة" ينظر حوله ثم يذهب إلى أحد العاملين بالمكان

"تي"

بقولك يا غالي

العامل

أيوة

"تي" وهو يشير إلى الزجاجة

"تي"

مفيش حاجة خلال في 10 دقايق؟!

مشهد 52 (نـهار/داخلي/ شركة "احسن لك")

راشد مع هادي (المؤدب) في عمله بمركز خدمة العملاء. هادي يرتدي سماعة تليفون ارضي ويتصل بأحد العملاء راشد بجواره يرتدي سماعة أخرى مماثلة ليستمع إلى المكالمة.

العميل

آلو..

هادي

صباح الخير يا فندم

العميل

نعم

هادي

مع حضرتك هادي حليم من شركة "أحسن لك" لتحصيل الديون

العميل

عاوز أيه؟

هادي

حضرتك فيه مبلغ 4279 جنيه مطلوب سدادهم من أصل حساب بطاقة ائتمان

العميل

وبعدين؟

هادي

مطلوب تحصيلهم يا فندم

العميل

درجن!

هادي

أفندم؟!!!

العميل(موضحاً)
درجن! يعني اعلى ما في خيلك اركبه و"احسن لك" انت متتصلش على الرقم ده تاني لاحسن والله اخليك تشوف سماعة تليفون تستخبى

ثم يغلق الخط في وجه هادي.
هادي ينظر لراشد بابتسامة ليخفف من الموقف المحرج

هادي

مش هاسيبه هاهريه تليفونات

مشهد 53 (نهار/داخلي/غرفة اجتماعات أمير)

رأفت وأمير وراشد في غرفة الاجتماعات رأفت يقف عن شاشة البروجكتور الذي يعرض صورة الزومبيرة في الصندوق

رأفت (يشرح)

إحنا مش بس هنصنع الزومبيرة محلي .. إحنا كمان هنصنع احدث موديل للزومبيرة عملوه في ألمانيا علشان ينافسوا بيه الكوريين اشترينا منهم حق استغلال الاختراع في الشرق الاوسط ب17 مليون يورو ثم يقلب الصورة ليظهر التصميم الهندسي لتصنيع الزومبيرة أمير يحاول جاهداً أن يفهم أي شيء من الرسم لكنه لا يفضح أي شيء عن الزومبيرة وماهيتها

رأفت (يكمل)

لكن طبعا هنحتاج حتة ارض اكبر لأن المكان هيبقى أكبر والموديل الجديد هيحتاج غرف تبريد سريع بمساحات كبيرة
أمير ينهض من مكانه متفحص الرسم الهندسي
في الحالة دي التكلفة هتزيد حوالي 5 مليون لكن زي ما التكلفة هتزيد المكسب كمان هيزيد ..

أمير سرحان في الصورة لايرد

رأفت

أمير بيه!

أمير

أيوه .. ماشي .. هكتب لك شيك

يحملق مرة أخرى

مشهد 54 (نهار/داخلي/ شركة باهر)

باهر يستقبل الوفد الياباني يأخذهم في جولة حول الشركة ويضحك معهم خلال الجولة يقفوا ليتصوروا صورة جماعية مع كل افراد الشركة باهر يتوسط الوفد الياباني يذهب لتفقد الكادر قبل التقاط الصورة
يعطى للعاملين بعض التوجيهات بابتسامة على وجهه

باهر

صفوت تعالى يمين شوية احمد خد خطوة شمال...كمان رامز
ارجع ورا ابراهيم اثني ركبك شوية
الصف اللي ورا كله يقعد على ركبه بس تمام كده
يعود مكانه وتأخذ الصورة تظهر الصورة ولا يظهر فيها غير باهر مع الوفد الياباني فتوجيهات باهر اخفت الجميع من الكادر!

مشهد 55 (نهار/داخلي/ منزل المثقف)

صوت راشد: الحقيقة ضياء عرفني على نموذج لشخصية مصرية فريدة، شخصية مثقفة لكن أكل العيش والظروف الاقتصادية فارض عليه ظروف قهرية مش متماشية بالمرة مع منطق فكره المثقف.

المثقف يجلس في حجرة تمارين خاوية من الاثاث و حوائطها مغطاة بمرايات من الارض للسقف.

(الكارت)

- الاسم: نجيب حكيم
- السن: 43 سنة
- المهنة: صحفي ومدرب يوجا
- الشخصية: مثقف، ناقد، مغرور، متشبث برأيه دائماً
- الاسم الكودي: المثقف

يرتدي ملابس يابانية ومغمض العينين. يجلس في وضع يوجا ويوجه كلامه بصوت رخيم وهادي إلى حضور الدرس بما فيهم ضياء وراشد الذين يتبعون تعليماته بدقة. المكان يخيم عليه الهدوء الشديد ويتخلل المكان صوت الشارع الشعبي المزدحم الذي يسكن به المثقف بما في ذلك صوت اطفال يلعبون الكرة

نجيب

ودلوقتي نفكر في صوابع رجلينا...

الكرة تخبط على الزجاج

نتخيلها...

الكرة تخبط على الزجاج

نتخيل صباع صباع..

الكرة تخبط على الزجاج

نتخيل الصباع الصغير..

الكرة تخبط على الزجاج

واللي جنبه..

الكرة تخبط على الزجاج

واللي جنبه لحد ما نوصل للصباع الكبير

الكرة تخبط على الزجاج

نتخيل صوابعنا بتتحول لرملة وبنغوص

الكرة تخبط على الزجاج

بتغوص..

الكرة تخبط على الزجاج

بتغوص في..

الكرة تخبط على الزجاج

هنا يفقد اعصابه وينهض ليصيح من النافذة بصوت جهور وعصبي جداً

نجيب

الكورة دي لو خبطت في الازاز تاني .. هنزل اقطعها
وهأكلهالكوا حتة حتة .. فاهمين ولا مش فاهمين يا حوّش!
يغلق النافذة ويعود إلى مكانه وهو يكلم نفسه بصوت عالي

نجيب

همج!!

الحضور مذهولين من عصبية نجيب بينما يعاود الدرس بصوت رخيم وهادئ وهو مغمض العينين

نجيب

ناخد نفس عميق

لا يشعر باستجابتهم يفتح عين واحدة ويصيح فيهم

نجيب

خدوا نفس!
استرخوا!!

يأخذوا نفس ويغمضون اعينهم في خوف
نجيب (بصوت رخيم)
تخيلوا صوابع رجليكوا!

مشهد 56 – نهار – داخلي - غرفة الاجتماعات في شركة أمير عبد الغنى

راشد، أمير، رأفت، تي، هادي، ضياء، احمد فراج على مائدة غرفة الاجتماعات الرئيسية بشركة أمير عبد الغني. راشد يقف بسعادة ويتكلم

راشد

من دواعي سروري اني اعلن اكتمال مجموعة البحث الذي يهدف إلى القاء الضوء على الشخصية المصرية المثالية من الشعب المصري المعاصر ش.م.م. لازم تفخروا بنفسكوا لان اي واحد فيكم مكنش هيبقى في المجموعة لو مكنش مميز وفيه صفات مثالية بنفتقدها في مجتمعنا ومحتاجينها علشان نتطور ونزق البلد لقدام. معانا العبقرية (يشير إلى احمد فراج) الكفاح والمثابرة (يشير إلى تي) الفن (يشير إلى ضياء) وطبعا أقدم لكم الراعي الرسمي ورجل الاعمال النموذجي أمير عبد الغني (يشير إلى أمير ليقول كلمة)

أمير(ينهض بفخر ليتحدث)

احب ارحب بيكم واشكر راشد انه اختارني اكون على رأس مجموعة البحث، (يوجه كلامه إلى احمد فراج) انا وافقت عليك بس علشان خاطر راشد، الحقيقة انا سعدت جدا لما راشد قالي على الدراسة، تحمست ليها جدا، انا دايما بتحمس للنشاطات الثقافية والفنية تاريخي حافل براعية المواهب والدراسين والباحثين، وعلشان كده خصصت 800000 جنيه

للشخصية المثالية المصرية التي تبحث بين الرجال والـــ .....
هي الدراسة مش على المجتمع ولا ايه؟
أمير ينظر حوله ثم تلتفت لراشد

راشد

ايوة طبعا

أمير

وهو المجتمع كله رجاله بس؟!! مفيش ستات؟

راشد

لا ما فريدة في الطريق

أمير

واحدة بس؟ لا لا انا مينفعنيش الكلام ده كده تبقى الدراسة ناقصة وهضطر انسحب منها

راشد

لا تنسحب ايه؟ عايز ستات نجيب ستات!!

أمير

انا معنديش وقت اضيعه، اتفضلوا دلوقتي حلوا مشاكلكوا مع بعض .. انا مشغول جدا النهاردة لإني مستني وفد ياباني

جي يزور الشركة علشان يعمل معانا صفقة ممكن تنقل الشركة لمستوى تاني ورغم اني مستني الزيارة دي بفارغ الصبر إلا أني مش سايب الموضوع ده يأثر على تركيزي في العمل

ينصرف أمير

راشد

حد يعرف ستات يا جماعه يعرف يقنعهم يدخلوا معانا الدراسة؟

تى

أنا ممكن اجيب أمي والحاجه صاحبة العمارة بس لو كسبوا هقسم معاهم الفلوس

راشد

اعمل اللي انت عايزة .. حد تاني؟

هادى بخجل

يعنى

راشد

اوباااا ما انت جامد اهوه .. يا تحت السواهي .. مين بقى .. احكيلنا

هادي

لااا هما كانوا علاقتين كدة..

راشد

كدة ولا مش كدة هاتحكي

هادى بتواضع مصطنع

هو كان فيه واحدة حبينا بعض اوي .. فهمتني وفهمتها .. ارتحت لي وارتحت لها .. تقبلتني زي ما انا .. عمرنا ما اختلفنا ولا اتخانقنا .. لكن في يوم حصلت حاجة غريبة أوي

فلاش باك

هادي مع فتاة في سيارته ليلا يقودها إلى منزلها بعد موعد غرامي بينهم. تبدو عليه السعادة.

هادى

انا انبسطت اوي النهاردة إني شوفتك
الفتاه
وانا كمان

هادى

الحمد الله ان مامتك بقت أحسن و عرفت اشوفك

الفتاه

انا اتهلكت معها بجد يا حبيبي كانت تعبانة اوي

هادى

ما انا عارف والله عارف كل ما كنت اكلمك ألاقيكي بتجيبلها الدوا و تقعدي تدوري عليه لوش الفجر بس انتي ليه بتعلي الموسيقى اوي كده وانت سايقة بليل

الفتاه

اهوه بقى من الزهق .. المهم اني شوفتك و اخيرا عرفت اعمل معاك شوبينج مرسي بجد
هادى وهو يشير إلى اطنان من الاكياس في الخلف على الكنبة والدواسات
على ايه بس دي حاجة بسيطة

يهدأ السيارة فتسأل الفتاه بهدوء

الفتاه

فيه أيه؟ بتهدي ليه؟

هادي

الظاهر لجنة

الفتاه ترتبك الفتاه جداً

أيه! لجنة! انا لازم انزل لازم انزل

الفتاه تأخذ بعض اغراضها بسرعة و ارتباك

الفتاه

هكلمك بعدين .. بعدين ..

ثم تمشى بعيدا وهى تنظر حولها وترتدي نظارة شمس وتحاول ان تخفى وجهها بشعرها. هادي يتبعها بنظره مذهولاً و متعجب مش فاهم!

عودة من الفلاش باك

هادي

ومن ساعتها مشفتهاش تاني

راشد

طيب!!! لأ بلاش دي. مفيش واحدة تانية؟

هادي

آآآآ آه آه آه...هو كان فيه بعد كدة واحدة تانية بس بصراحة ملحقناش نعرف بعض كويس .. كانت

حاجة كدة وكل واحد راح لحالة مع إني متأكد انه كان ممكن يبقى فيه حاجة حلوة أوى بنا لو كانت الظروف اتدنا فرصة ..

فلاش باك

ليلا في جراج سيارت كبير ومخيف، تمشي امرأة جميلة بكعب عالي، صوته يدوى في المكان كله، وكأنها وحدها تماماً مما يخيفها، ويبدو عليها القلق والانتباه، ولكنها متماسكة ..
تصل إلى سيارتها، وتضع يدها في حقيبة يدها لتخرج المفاتيح وهي تنظر حولها بعينيها فقط بحذر شديد .. تحاول ان تضع المفتاح في الباب لتفتح السيارة ولكن من سرعتها وتوترها يقع المفتاح على الارض تنحني لتلتقط المفتاح وبمجرد أن تقف معتدلة .. يظهر هادي فجأة من خلفها مبتسما ابتسامة حب وغرام

هادى

ممكن اتعرف عل ..

قبل أن يكمل تصرخ صرخة عالية من الخوف ثم في لمح البصر تخرج من حقيبة يدها صاعق كهربائي
وتصعق به هادي وتطرحه ارضاً وتكمل صراخها وتدبدب بقدميها في الأرض وهي في حالة هيستيريا وتصعقه مرةً أخرى

عوده من الفلاش باك

راشد

تى .. اتصل بوالدتك والحاجه ييجوا دلوقتى

تى

معيش رصيد

راشد

هكلم فريدة وأديلك التليفون

يمسك راشد بهاتفه ويتصل بفريدة

مشهد 58 (نهار/داخلي/ مكتب أمير)

راشد مع أمير ورأفت في المكتب

أمير

وانت هتقعد مع كل واحد يحكي لك عن نفسه؟!! لأ مش هي دي!! خد مني بقى خبرة ادارة الوقت
انا هشتريلك كاميرا فيديو صغيرة كدة كل واحد يشغلها معاه في الرايحة والجاية يسجل كل حاجة بتدور في دماغه طول اليوم ومن هنا هتقدر تحكم على كل واحد فينا وهتشوف ان انا الاحسن طبعا .. بس مش مشكلة نديهم فرصتهم

راشد

والله فكرة كويسة جداً وعملية كمان

أمير

رأفت ابعت هات لكل واحد احدث كاميرا في السوق انشالله تكون الواحدة بخمسين الف جنيه ميهمكش

راشد

لأ مش ضروري أحدث حاجة يعني مش تكاليف على الفاضي أي حاجة بس تأدي الغرض

هنا يتدخل رأفت

رأفت

ما هو الكاميرا التعبانة مش هتأدي الغرض برضة على العموم انا هتصرف في حاجة حلوة .. بس تعالى معايا المكتب دلوقتي .. قولي انت عاوز أيه بالظبط .. والعدد .. واديني نمر التليفونات والعناوين علشان ابلغهم وابعت لكل واحد الكاميرا بتاعته على البيت

مشهد 57 (نهار/داخلي/ منزل المثقف)

راشد مع رأفت في مكتبه. رأفت يرمي بعض الاوراق على المكتب في عصبية وهو يكلم راشد

رأفت

أيه يا عم اللي انت بتعمله ده؟! وانا اللي بقول عليك ناصح؟!!
ثم يجلس على كرسيه

يا عم انت لو عاوز تضيقها على نفسك متضيقهاش على غيرك
راشد مش فاهم سبب العصبية ولا معنى الكلام

راشد

انت بتقول أيه فيه أيه؟!!

رأفت

حد يقول كدة مش ضروري مصاريف الراجل بيقولك هات كاميرات بخمسين الف جنيه الواحدة وانت تقوله مش ضروري؟! فلوسه وهو حر فيها يا عم ربنا ميديله خلينا ينوبنا من الحسنة الحلوة دي. وعلى فكرة كنت هشوفك برضة مكنتش هاكل عليك حاجة .. انا فاكرك قاريني

راشد

لأ الحقيقة مكنتش قاريك فعلا مكنتش اعرف انك بتسمسر على صاحبك اللي مأتمنك على شغلة

رأفت

انت مش من هنا ولا أيه؟ مفيش اصحاب في اكل العيش يا غالي مش مفيش اصحاب ايه!! ده حتى الاخوات اللي من اب وام ومن نفس الدم بيقطعوا بعض لو دخل بينهم شغل؟! اكل العيش مفهوش معلش

راشد

ما تشوف اكل عيشك بما يرضى الله

رأفت

قصره

يعطية ورقة وقلم

اكتب لي البيانات اللي طلبتها منك علشان نخلص

راشد

لا مرة تانية انا هصورهم بنفسي

رأفت (بعصبية)

يا راشد مش كدة يا راجل انت مش دريان احنا عايشين فين لازم تجاري الظروف الدنيا مش رحلة الناس بتعزم على بعض في الاتوبيس بالسندوتشات الحياة مخلية الناس تنهش في

بعض زى الكلاب السعرانة لو استنيت حد يقولي اتفضل هموت من الجوع متبقاش خايب

راشد

اللي تشوفه

ينهض من مكانه

لكن انا عندي اكون "أنسان" خايب أحسن ما اكون "كلب" شاطر

ثم يخرج من المكتب

مشهد 58 (نهار/ خارجي/ سيارة فريدة)

فريدة مع راشد في سيارتها .. تأكل طبق كبير من الوافلز عليه كل الاضافات تقريبا من فاكهة ومارشملوز وصوص شيكولاتة وآيس كريم. تأكله بنهم واستمتاع. ثم تكلم راشد وهى تأخذ منه كاميرا فيديو وتقول بسخرية

فريدة

بلا كاميرا بلا نيلة هسجل أيه بيها بلا خيبة انا لو صورت لك يوم واحد هيبقى كفاية انا مفيش في حياتي غير شغلي، اهلي واصحابي وافضل عيد الشريط من اوله لاخره هتيبقى اكنك عايش معايا سنين

راشد

مع اني كنت متخيل غير كده خالص كنت فاكر حياتك زحمة ومليانة ناس وهسمع منك قصص للصبح

فريدة

انا اكبر قصة في حياتي هو طبق الوافل اللي قدامك ده .. بقضى معاه اسعد اوقاتي انا حياتي بسيطة لدرجة الملل .. وهو فيه أيه يعني يتعمل؟!! الشغل بس عبال متروح وترجع منه تلات تربع اليوم بيطير ..
ولو عرفت تروح الجيم ساعة ولا ساعة ألا ربع حتى تبقى انجزت! و أهلك لو عرفت تقعد معاهم ساعة في البيت يبقى تمام وفي المناسبات بقى ممكن تتفرجوا على فيلم سوا وفين وفين بقى لو عرفت تشوف اصحابك .. ده لو حد بيسأل عليك من غير ما يكون عايز حاجة .. الناس بقت زبالة اصلاً .. يتعرف منهم اتنين تلاتة بالعافية .. واوعى تقولي اتجوزي زي اهلى ما ركبين فوق دماغى على الموضوع ده.. زي ما يكون احسن واحد في الدنيا محطوط عندي في الدولاب وانا مكسلة امد ايدي اطلعه .. هو فيه حد عدل؟! بص حوليلك .. انت مبتشوفش المسلسلات التركي والسوري؟ دي مش رجالة ده احلام حقيقة .. ايه ده .. ولو قلت مش مهم اهوه الراجل اولا واخيراً شخصية ماشي .. معاك .. فين بقى؟ اللي معقد واللي ابن امة واللي ابن كلب عايزالحرق .. يا شيخ .. قال كاميرا قال .. على العموم ماشي هات ال..

يرن هاتفها فترد بملل

فريدة

آلو أيوة يا بابا .. حاضر .. مش هتأخر .. انا جاية اهوه علطول .. حاضر .. حاضر ..

تغلق بعصبية بينما يأتي الجرسون ليأخذ منها الطبق الفاضي

فريدة

ناقصين كمان يتقعدلنا بالساعة

ثم توجه كلامها للجرسون

هاتلي واحد تاني زي ده ولا اقولك .. خليه دوبل

راشد
انت مش له مخلصة جيم؟!

فريدة

!! آه..لأ ما انا حارقة! حارقة في الجيم وحارقة دم!!!

مشهد 59 (متنوع)

نجيب يصور بالكاميرا ويسجل لنفسه وهو سائق

نجيب

انا اكتر حاجة بتغظني في الناس حاجة واحدة بس وبحس انها اساس كل القرف اللي احنا عايشين فيه
كل واحد بيتعامل اكنه لوحدة في الدنيا أو انه هيقلل من نفسه لو فكر في غيره وعمله حساب لأنه بكده هيديلوه اهمية
وطبعا مفيش حد اهم منه يبقى نعمل أيه بقى؟؟؟ نركن عند ملف ونسد الشارع ونطلع عين الناس من غير ماتتهزلنا شعرة

قطع على فريدة تقف بسيارتها عند ملف شارع تسجل لنفسها بالكاميرا

فريدة

أنا مش فاهمة يعنى الناس مسروعة على أيه ماما كلمتني
وقالتلي هاتي معاكي مكسرات وانت جاية
طب اعمل ايه بقالي سلعة بلف على ركنة!

قطع على نجيب مرة أخرى

نجيب

الناس دايماً بتقول أن الدنيا زحمة علشان الطرق متخططة غلط .. لأ .. لاااأه الدنيا زحمة لأن الناس نفسهم بتفننوا في الزحمة بدليل .. انزل في يوم جمعة أو سبت الصبح واعمل أي مشوار مفروض ما يخدش اكتر من عشر دقايق هتلاقي

نفسك وصلت بعد نصف ساعة، ساعة ألا ربع لأن فيه ناس غاويين يتمشوا والدنيا فاضية ويمشوك معاهم قهر .. هيكون وراك أيه يعني؟ يلا نستمتع بسواقة الويك آند ألا وهى ببساطة انك تسيب شارع يرمح فيه الخيل فاضي تماماً ويكون وراك واحد مستعجل ومش عارف يعدي منك وانت بقى .. تتمشى!

قطع على رتيبة وهى تقود سيارتها ببطء و ورائها سيارة أخرى بتحاول تعدي رتيبة تقود غير منتبهة بالمرة لكلاكسات ونور السيارة التي خلفها

العودة مرة أخرى لنجيب عند تقاطع يتصارع مع سيارة أخرى للمرور قبل بعضهم البعض

نجيب

اللي بيولعني ويخليني عايز التطش الناس على وشهم التناقض اللي بيتصرفوا بيه لما ييجوا عند تقاطع بيتغابوا علشان يعدوا قبل بعض واكن الشارع هيقفل مثلا والاكتر من كده لما الشارع بيبقى واقف لازم تلاقي الناصحين اللي يعدوا من جنبك زي البقر علشان يسبقوا ويسدوا الاتجاة المعاكس وتبقى حفلة احباط جماعي اما بقى لما ييجوا عند الاسانسير حتى لو كانوا مستعجلين، ميعرفوش بعض والباب هيقفل فعلاً تلاقيهم قاعدين ساعة بيتعازموا على بعض

قطع إلى اثنين بيتعازموا على بعض امام الاسانسير والمثقف خلفهم، بعض عدة عوزمات يزهق منهم ويدفع الاثنان إلى الداخل

قطع إلى الشاب طارق يسجل لنفسه في الكاميرا

"تي"

انا بالنسبالي الناس نوعين .. ناس ليها وناس ملهاش مش بيقولك الحياة فن وبقولك الفن مرايا الناس انا بقى اتفرجت على مرايات الناس كلها سمعت اغاني العالم دول كلهم ملقتش زيينا احنا بنعمل لاي حاجة اغنية نحب نغني، نتجرح نغني، نتصور سوا نغني، نزرع نعناع نغني، نلم قمح نغني حتى لو جعنا نشد الحزام ونغني .. عارفين ده معناه ايه ؟
بنعيش يا كينج مهما حصل بنعيش .. مبنتكسرش

ثم يبدأ يغني

كان يو بلو ماي واسل بايبي واسل بايبي ليت مي نو
ثم يحاول أن يصفر فيفشل
بففففففف بففففففف

قطع إلى رتيبة تسجل لنفسها في المنزل

رتيبة

انا اديت حياتي كلها لولادي انا عندي ولدين وبنت سامح ومازن وهدى ربيتهم وعلمتهم وجوزتهم هقوم اجيب صورهم
ثم تنهض من امام الكاميرا..
قطع إلى باهر يسجل لنفسه

باهر

حبي للعمل هو ببساطة حبي للفعل .. العمل فعل واقع .. معظم الناس اللي حوليا بينبسطوا اوي لو حلموا
حلم كويس وبمنتهى التفائل ييجوا يحكوا لك وهما بيقولوا "أنا حلمت"! عمر ما حد جيه قال لي انا "عملت"!
لكن انا بالنسبة لي متعة الحلم .. هي محاوله تحقيقه ..

قطع إلى طارق مازال يحاول أن يصفر

طارق

بففففف .. بففف هتيجي أهه

ثم يأخذنفس عميق

بففففففففففففف

قطع إلى رتيبة تمسك الصور امام الكاميرا وتعرضهم الواحدة تلو الاخرى

رتيبة

ده زياد اول حفيد ليا .. ودي مليكة .. ولاد سامح اما مازن بقى ..

قطع إلى نجيب

نجيب

والله يسامح بروس ويليز اللي فهم المصريين حركة الجري ورا الاسعاف دي .. دول بيبقوا هيموتوا بعد وهم بيتسابقوا علشان يمشوا وراها

قطع إلى باهر

باهر

للأسف النهاردة إجازة .. حاجة تزهق انا مش فاهم ايه لازمة الاجازات ماهم الناس تكنيكياً بيبقوا اجازة وهما في الشغل ييجوا الصبح لازم يفوقوا الاول ولو حد طلب منه حاجة يقول "ع صبح كدة!" وبعد ما يفوقوا يقعدوا ساعة بيفكروا هيكلوا أيه وبعد كدة ساعة عبال ما يطلوبوا وساعة بياكلوا وساعة بيريحوا بعد الاكل ..
وفي الاخر ميعملوش غير الحاجة المهمة اوي اللي لازم تتعمل في اليوم ده وبعد كده يروحوا.. وكمان عايزين اجازات .. بلا دلع

قطع إلى فريدة تجلس امام الكاميرا وتحرك فكها وتخرج لسانها بتسلسل مضحك

فريدة

دي حركات تمرين للفك علشان الكلام يطلع واضح في الالقاء

قطع إلى باهر يسجل لنفسه وهو يتمشى في أحد المولات ثم يدخل محل ملابس ويتمم عليه وهو يتفحص الملابس كأنه مفتش أو صاحب المحل

باهر

كويس .. كويس لأ هايل تمام

ثم يخرج وهو يشير إلى مدير المحل

باهر

انتوا كويسين على فكرة .. استمروا ..

قطع إلى رتيبة

رتيبة

استنوا اسمعكوا صوته..

ثم تطلب رقم على تليفونها المحمول ثم تنتظر لفترة ثم تقول بابتسامة تحاول ان تخفى بها حزنها

ما بيردش .. حبيبي اكيد مشغول .. اما اكلم مازن ..

ثم تطلب النمرة

آلو أيوة يا مازن..طيب يا حبيبي كلمني لما تفضى..

تبتسم للكاميرا ابتسامة حزينة

قطع إلى باهر

باهر

انا اخلصت لعملي لدرجة أني مليش أصحاب ..
ثم يبدأ أن يظهر عليه الحزن قليلا
مكونتش اسرة .. مليش حد ..

قطع إلى راشد وهو يشاهد التسجيلات في منزله.. يعيد أخر جملة قالها باهر وهو يتأمل التعبير على وجه باهر بإمعان

مليش حد .. مليش حد ..

ثم يأتي بصورة رتيبة وهي مبتسمة بحزن للكاميرا ويثبتها .. يسرح فيها.

مشهد 60 (ليل/خارجي/ منزل باهر)

راشد مع باهر في منزله الشقة كلها اثاث مكتبي وبها لوحات متعلقة بأخلاقيات ومبادئ العمل. يضع امامهم المشروبات رجل يرتدي يوني فورم وحينها يستوعب راشد انه الفراش الخاص بباهر

راشد

مش حاسس انك مبالغ شوية في حبك للشغل؟

باهر

حاسس طبعاً .. ومبسوط!

راشد

لأ

باهر

لأ أيه؟

راشد

لأ مش مبسوط!

باهر

لأ مبسوط!

راشد

ل..

يدرك ان الحوار بهذه الطريقة لن يثمر عنه شئ فيهدأ..

باهر

لأ مبسوط وعايش حياتي كمان .. اثبت لك هه؟! انا عامل حفلة عيد ميلادي يوم الجمعة .. وعازم فيها كل معارفي واصحابي .. تعالى وشوف .. ولا اقولك انا عازمك انت ومجموعة البحث كلهم .. ايه رأيك بقى؟
واهو بالمرة اتعرف عليهم ويتعرفوا عليا

راشد

حفلة عيد ميلاد؟!! في سنك ده؟!!!

باهر

ايه؟!

راشد

قصدي في بيتك ده؟ .. هنا؟! هنا يعنى؟ .. كل سنة وانت طيب! امشي انا بقى

ينهض

باهر (مؤكداً)

يوم الجمعة هه

راشد

ان شاء الله

ينصرف راشد باهر يجلس كرسي ويسرح بينما تزول الابتسامة من على وجهه شيئاً فشيئاً

فلاش باك

باهر وحبيبته يجلسان على كورنيش النيل

حبيبته

باهر .. انت بقالك 6 شهور من غير شغل وبتترفد من كل شغلانه بتروحها ..

باهر

أعمل أيه! ما هما اللي مش عايزين يحترموا خصوصيتي مش قادرين يفهموا ان انا ليا حياتي الشخصية
مش تحت امرهم طول الوقت!

حبيبته

باهر انا بصراحة تعبت .. إحنا لازم ننفصل

باهر

ايه اللي انتي بتقوليه ده؟!! انسي فكرة الانفصال دي خالص..
بمجرد أن ترد يضرب بائع عرقسوس بعض الاطباق ببعض فيرى باهر حبيبته ترد لكن دون أن يسمع كلمة واحدة منها

حبيبته

.... (كلانك كلانك).......... (كلانك كلانك)

باهر

أيه معلش قولتي ايه؟

يتكرر الموقف

حبيبته

.... (كلانك كلانك).......... (كلانك كلانك)

باهر

بغض النظر عن أي حاجة .. مش ممكن ننفصل!

حبيبته

بصراحة انا فكرت وقراري النهائي هو........... (كلانك كلانك).......... (كلانك كلانك)

هنا يفقد باهر اعصابه وينفجر في بائع العرقسوس

باهر

ما بس يا راجل انت بقى مش سامع ولا كلمة!!

بائع العرقسوس

جرى ايه يا بيه بيبع!

ينهض باهر من مكانه ويأخذ منه الاطباق بقوة ويطرقها جنب اذنه والبائع يحاول ان يلوذ منه في حركة دائرية

باهر

طب اهوه اهوه..(كلانك كلانك) بيع بقى بيع (كلانك كلانك) هه هه (كلانك كلانك) بيع

بينما يستمر الشجار بينهما تيأس حبيبته منه وتنصرف يلمحا فيجري باهر ورائها بالأطباق ووراءه بائع العرقسوس

مشهد 61: (ليل/داخلي) (منزل باهر)

راشد ومجموعة البحث يقفون امام الباب يضرب الجرس يفتح لهم عامل بالمكتب

عامل المكتب

اتفضلوا

يدخلوا

راشد والبقية يجلسون مع بقية المدعوين (شباب بملابس العمل) على كنب وكراسي على شكل مربع يواجه شاشة كبيرة يعرض عليها صور باهر في الشركات المختلفة التي عمل بها والجوائز التي حصل عليها كل فرد من المدعوين ينظر في ساعته على التوالي أحدهم يسأل راشد بصوت خافت

شاب

انت معانا في الشركة؟

راشد

لأ
انا جار باهر..

شاب

بس انا شفتك في الشركة عندنا

راشد

آه أصل إحنا بنعمل دراسة مع بعض عن..

شاب (مقاطعاً)

طب ربنا يوفقكوا

ام طارق لنجيب وهم ينظرون إلى الشاشة

ام طارق

هو ممثل؟

نجيب

لأ

ام طارق

انا كنت فاكراه عيل صغير .. شوف الراجل شعره مطأطأ ابيض وعاملي عيد ميلاد .. اما صحيح هبل على كبر!

نجيب

الهبل اننا بنسميه "عيد" ميلاد مش "يوم" ميلاد ذي كل بلاد العالم لأ ازاي نسميه "عيد" علشان كل واحد يفتكر اننا قعدنا نزغرد ونرقص في الشوارع بمناسبة ان البيه شرف! ونفضل ننفخ فيه كل سنة لحد ما يطأ!!

ام طارق

اما انت بتشتغل ايه؟

نجيب

مدرب يوجا

ام طارق

في السيرك؟

يظهر باهر فجأة من الداخل مبتسماً وفرحاً

باهر

انا آسف جداً لكني كنت في مكالمة مغلقة مع دبي وطولت شوية

يقف راشد والمجموعة ليتعارفوا على باهر الذي يستقبلهم بحفاوة

راشد

كل سنة وانت طيب .. اعرفك .. فريدة، ضياء، هادي، مدام رتيبة، نجيب، طارق، أم طارق
امير عبد الغني، والاستاذ احمد فراج

باهر

اهلاً وسهلاً اهلا اهلا اتفضلوا خدوا راحتوا عايزكوا تعتبروا نفسكوا في شركتكوا ..آ على مكتبكوا .. آ .. في بيتكوا .. في بيتكوا

قطع إلى التورتة توضع على المائدة مطبوع عليها الCV (السيرة المهنية) لباهر وشمعتان برقم 15

فريدة

آآ .. بيتهألي الشمع محطوط غلط الواحد مكان الخمسة

باهر

لأ مظبوط

فريدة

مظبوط ايه ده 15

باهر

ايوة انا النهاردة تميت 15 سنة!

يتعجب الجميع عدا مدعوين شركته

انا النهاردة بقالي 15 سنة مدير..
بعد ما كنت بحاول ابقى مدير .. ليه؟ لأن النجاح قرار ..
وسوف اظل اسعى للنجاح حتى لو وصلت إليه!
ينفخ الشمع والجميع يسلم عليه بعد اطفاء الشمع يأتي "تي" إليه
"تي"
كل سنة وانت طيب ياجنرال

باهر

وانت طيب

"تي"

بقول لحضرتك أيه .. معندكش شغلانة ليا في شركتك؟ أصل انا طموح برضه ونفسي ابقى ربع حضرتك

باهر(مازحاً)

ربع حضرتي؟! (يشير بيده عند فخذه) يعني لحد هنا؟!!
(يضحك) بهزر معاك بهزر هه
ماشي يا "تي" ابعتي الCV (السيرة المهنية) بتاعك واحاول اشوفلك حاجة ربنا يسهل

"تي"

بس كده عايز "السي في" يا باشا انا ما بمشيش من غيره
يبحث في جيبه ثم يخرج ورقه صغيرة من جيبه ويعطيها له
اتفضل
عن اذنك بقى اروح اغير مزيكا الاساسيرات دي
باهر يفتح الورقة فيجد انها صورة من الرقم القومي الخاص ب "تي" يأتي إلى باهر شباب الشركة وهم حوالي 11 فرد .. يقول احدهم
كل سنة وحضرتك طيب .. إحنا لازم نمشي دلوقتي

باهر

علطول كدة؟!!متقعدوا شوية

شاب من الشركة

أصل حازم عنده ظروف في البيت ولازم يمشي وإحنا كلنا جايين معاه بعربيته

باهر ينظر إلى عددهم يبرر الشاب باحراج

آآ .. عربيته كبيرة .. ميكروباص! ميكروباص خاص!!

ينصرفون جميعاً بإحراج وباهر يبدوا عليه الاحباط راشد يراقب الموقف من بعيد ورتيبة نائمة بجوارة "تي" يشغل اغنية راقصة ويتفاعل معها بالرقص فريدة تنهض وتشجع البقية وذلك يضيف بهجة على المكان باهر يراقبهم ويراقب الموظفين وهم يفرون واحد تلو الاخر من باب الشقة يحبط للحظة، ولكنه يخرج من الاحباط سريعاً لينضم إلى المجموعة تزداد سعادته شيئاً فشيئاً حتى تصبح السعادة واضحة عليه جداً يأخذوا صورة جماعية ضاحكة!

قطع

مشهد 62 (متنوع)

صوت راشد على الصورة الجماعية

راشد

بعد ما شفتهم مع بعض حسيت ببوادر فوائد خلطهم ببعض فقررت إني احطلهم جدول نشاطات واوقات يقضوها مع بعض رتبتهم بالشكل اللي يكملوا فيه بعض لأن يمكن النموذج المثالي مظهرش ببساطة لأنه محتاج حد يكمله

الفيديو
نجيب مع رتيبة في منزلها وهي تجهز نفسها للخروج

نجيب (بعصبية)

يلا هنتأخر

رتبة

انا خلاص اهوه دقيقة وابقى جاهزة

نجيب

انتي قلت اي دقيقة من ساعة ونصف يلا بقى
تمد يدها بحقيبة يدها

رتيبة

طب امسك

نجيب

هو كل واحدة لازم تقول لي امسك طب وانتي لوحدك بتعملي أيه

رتيبة

ثانية بس ثانية

نجيب (مؤكداً)

ثانية!

رتيبة

ايوه ثانية

يأخذ منها الحقيبة وهو ينظر في ساعة يده لمدة ثانية ثم يسقط الحقيبة على الارض رتيبة تنظر له

قطع إلى هادي مع ام طارق في أحد المصالح الحكومية هادي يحاول التكلم إلى أحد الموظفين لكنه يتجاهله تماماً

هادي (بهدوء)
لو سمحت! لو سمحت! لو سمحت!

تهمس له ام طارق بعصبية

ام طارق
ما تشخط فيه ده ايه ده؟!

هادي

هو هيرد دلوقتي لو سمحت!
لا يرد عليه الموظف وهنا تفقد ام طارق اعصابها

أم طارق (بصوت جهور)

ما ترد عليه يا اخي ايه! الراجل بقاله ساعة لو سمحت لو سمحت وانت ولا انت هنا
ده لو كان دبانة كان زمانك هشتها!

صوت راشد

راشد
الحقيقة كان في تقدم بسيط
لكن..

مشهد 63 (نهار/داخلي/ مكتب الدكتور بالجامعة)

راشد امام الدكتور وهو يقلب في الأوراق

الدكتور

زفت! زفت! زفت! قطران! انت عارف انت أيه مشكلتك يا راشد؟

راشد
أيه تاني يا دكتور؟

الدكتور

انت!

راشد

انا؟!

الدكتور

أيوه .. انت مشكلة نفسك .. ولازم تعترف بكدة لأن دايما اول خطوة لحل مشكلة هي الاعتراف بيها ازاي بتعمل بحث عن المصريين وانت اصلا 90% منك اجنبي في اجنبي اللي انت مقدمه لي ده برنامج تلفزيون امريكاني ايه اللي النتايج اللي هنطلع بيها كلام فارغ مفهوش جديد لازم تحط نماذج البحث تحت ميكروسكوب واقعي مصري بفكر مصري 100% مش بفكر اجنبي!!

مشهد 64 (ليل/ داخلي/ مطعم)

راشد وفريدة يتناولان الطعام. راشد يتناول الطعام بسرعة وعنف وطبق فريدة ممتلئ ولم تبدأ الاكل بعد

فريدة
ايه يا راشد براحة شوية! مالك؟

راشد
سيبيني يا فريدة اطلع همي في حاجة مش طايق نفسي، مش عارف اخلص من الدكتوراة الزفت دي. يعني اعمل ايه للدكتور ده مش فاهم عايز مني ايه بالضبط؟! زنبي ايه يعني ان محدش حقق حاجة منهم؟ اغير حياتهم مثلا؟ اشتغلهم بابا وماما؟ مطلوب مني احقق انجازات لكل واحد فيهم؟

يرن هاتف راشد ويرد

آلو ايوه يا أمير باشا، فعلا طيب مبروك، ده ايه الكرم ده كله اتفضل اتفضل مع السلامة!

فريدة

فيه ايه؟ اخبار كويسه؟

راشد

ده أمير هيفتتح فندق جديد بتاعها وعازمانا كلنا هناك كام يوم

فريدة

والله كويس. هي فرصة تعيد حساباتك والمجموعة كلها معاك في مكان واحد كام يوم على روقان.

راشد

امتي انا مشفتكيش بتاكلي خالص !

فريدة تهز اكتافها بلامبالاة

مشهد 65 (نهار/ خارجي)

فيديو (مع أغنية مرحة) افراد البحث كلهم يتجمعون امام اتوبيس رحلات خاص.

يركبون الاتوبيس، يجلسون، الاتوبيس يتحرك، طارق "تي" يضع السماعات في اذنه و يشغل الاغنية، يشربون عصير، يتكلمون، هادي ينام على كتف المكافحة، تدفعه بعيداً، طارق "تي" يوقف الاتوبيس عدة مرات ليلتقط لنفسه صورة عند كل لافتة كيلومترات على الطريق

مشهد 66 (نهار/خارجي/ الرحلة)

في الطريق يتعطل الاتوبيس ويصدر صوتاً عالياً يقلق الجميع لكن السائق يستدير إليهم باطمئنان

السائق

مقتلقوش يا حضرات .. دي حاجة بسيطة

راشد

هي بتعمل كده كتير معاك ولا أيه؟

السائق

يا بيه قلت لك متقلقش دقيقة ونكون متحركين بعون الرحمن

ثم ينزل من الاتوبيس لا يقتنع راشد وينزل وراءه السائق يفتح الموتور ويقوم ببعض المناورات وفي أقل من دقيقة يدور الموتور مرة أخرى

السائق (بابتسامة)

تعبت انت نفسك على الفاضي ونزلت!

راشد

ما أصل الواحد مش ناقص عطلة!

السائق

الله ينور عليك .. انا قبل ما اركب أي حتة أول حاجة اعملها اسأل على عيبها قبل ما اسأل على ميزتها
ليه؟ لأن الميزة بتريح لكن العيب يعطل فلازم اعرف دائها علشان اعرف اداويها بدل مافضل راكن جنبها لحد ما حد يمن عليا بمساعدة

ثم يركب الاتوبيس راشد يسرح قليلا ثم يبتسم ويركب الاتوبيس من وراء السائق

مشهد 67 (نهار/داخلي/ الفندق)

تستقبلهم بابتسامة فتاة شابة واضح انها من الطبقة المتوسطة اجتماعياً في كل شيء وتعمل بالفندق. تتكلم معهم بلغة مصرية عامية، ولكنها تضغط على الحروف بوضوح وكأنها تجد صعوبة في نطق كل حرف. فتبدوا مثل الاجانب عندما يجيدون اللغة العامية المصرية، ولكن مش بشكل متقن.

اسمها صابرين، ولكنها تطلب من الناس ان ينادوها بصابرينا غير مدركة ان الاسم الصحيح هو سابرينا.

صابرينا

مساء الخير انا صابرينا وهكون في خدمتكم اهلا أهلاً ومستر أمير بيبلغكم انه على وصول

راشد (للجميع)

كل واحد يستلم مفتاحه من الريسبشن باسمه هنريح لكنا واللي عايز يعمل حاجة يعملها والساعة تسعة بالضبط هنتقابل هنا
الجميع يذهب إلى الريسبشن

مشهد 68 (نهار/خارجي/ الفندق)

الجميع على الشاطئ البعض يسبح والبعض الاخر نائم على الشزلونج باهر يأخذ وضع النوم ويغمض عيناه
هادي يلحق بهم ويقابل رتيبة في الطريق تمشي بصعوبة

هادي

تحبي حضرتك تسندي عليا لحد هناك .. نروح سوا؟

رتيبة

أيوه هات ايديك

تسند على ذراعه ويمشون ببطء سويا

مشهد 69 (نهار/داخلي/ الفندق)

راشد مع صابرينا في لوبي الفندق.

صابرينا

كل حاجة حضرتك تطلبتها
جاهزة
المشروبات، الموسيقى، الاضاءة مش هتلاقي حاجة ناقصة

راشد

والشوي؟

صابرينا (بابتسامة)

كله كله...
ممكن اسألك سؤال؟

راشد

اتفضلي ..

صابرينا

انا عارفة انه ممكن يكون عيب بس انا عشت فترة برة فتعودت ان اقول عادي يعني على طول

راشد

لا مفيش اي حاجة .. اتفضلي

صابرينا

هو انتوا بتعملوا أيه؟ مستر أمير قالي انكوا بتعملوا دراسة بس شكللوكو مش بتوع كتب!

راشد

انا بعمل بحث عن النموذج المصري المثالي ودول مجموعة البحث بما فيهم أمير

صابرينا

أيه ده فكرة تحفة! ممكن احضر معاكوا .. اصلي بحب الحاجات دي اوي خصوصا لو كانت عن مصر والمصريين .. انا وحشاني الحاجات دي اوي هقعد ساكته خالص

راشد

اهلاً وسهلا اتفضلي..

يبتسم لها مرحباً

احنا هنتجمع هنا

صابرينا

الساعة تسعة عارفة

راشد

هايل طيب هروح اجهز انا بقى عن اذنك..

مشهد 70 (غروب/خارجي/ الفندق)

باهر نائم على الشيزلونج نوم عميق في وقت الغروب "تي" يفيقه

"تي"

يا مدير .. يا مدير اصحى كلنا راجعين الاوضة الميعاد قرب

باهر يفيق ثم ينهض ويذهب إلى غرفته هادي ورتيبة يظهران وقد وصلوا للتو إلى الشاطئ يقفوا وينظروا حولهم ويدركوا ان الجميع قد غادر

هادي

هو الميعاد الساعة كام؟

رتيبة

تسعة

هادي

ودلوقتي الساعة كام؟

رتيبة

تمانية

هادي

طيب يلا بينا نروح لهم علشان احنا بالمنظر ده اتأخرنا عليهم من دلوقتي

يذهبون إلى اللوبي دون أن يظهر على هادي أي علامات تذمر أو ضيق!

مشهد 71 (ليل/خارجي/ الشاطئ)

الجميع على الشاطئ يوجد شواء ومكان للمشروبات و بعض الموسيقى الخافتة.
راشد يوزع عليهم ورق واقلام

راشد

كل واحد يكتب العيوب اللي شايفها في نفسه .. مهما كانت .. وعلشان تاخدوا راحتكوا محدش يكتب اسمه على الورقة .. يكتبون .. بعد فترة قصيرة الجميع يسلم الورقة لراشد.

راشد

دلوقتي بقى انا عايز كل واحد فيكوا يكتب العيوب اللي شايفها في كل فرد في المجموعة
ينهمكون في الكتابة ويأخذوا وقت اطول مما سبق بينما يقرأ راشد الاوراق التي تسلمها عن عيوبهم الشخصية بعد ان ينتهوا يسلموا الورق كله لراشد.

راشد

طيب .. كل واحد فيكوا كتب عن نفسه ان عيوبه هي العصبية، عدم الصبر، لما بيحب بيحب اوي ولما بيكره بيكره أوي .. محدش كتب عن نفسه انه اناني مثلا، او كسلان او مش بتاع شغل أو تافه .. واكيد ده مش مظبوط .. اكيد فينا اللي عيوبه تتعدى العصبية والمزاج المتقلب .. ولا أيه؟
المضحك في الموضوع بقى .. ان كل واحد كتب عيوب تقيله أوي عن كل اللي حوليه .. على فكرة المثالي مش السوبرمان اللي احنا متخيلينه .. المثالي هو اللي عارف نفسه وعارف عيوبه اكتر من اللي معاشرينه .. هو اللي يشوف عيوبه قبل ما يشوف عيوب اللي حوليه .. لأن الاعتراف بالمشكلة هى اولى خطوات حلها .. كلنا عايزين نتكافئ على مميزاتنا ومنعاقبش على عيوبنا .. وطول ما انت مليان عيوب مش شايفها عمرك ما

هتحلها وعمرك ما هتكون مثالي حتى لو كانت عندك كل مقومات النموذج المصري المثالي .. ادامكوا اربع ايام اللي هيجي ويقولي عيوبه اللي الناس شايفاها فيه .. هيكون هو النموذج المثالي .. وهو اللي هياخد ال800 ألف جنيه ..

ثم يتركهم ولكن قبل ان يغادر ينهض "تي" ويصيح

"تي"

وانت؟

يستدير له

راشد

انا ايه؟

"تي"

خد ورقة وقلم واكتب عيوبك انت كمان!

راشد

لكن انا مش في عينة الدراسة

"تي"

يبقى ماتطلبش مننا حاجة انت مش قادر عليها

راشد

لا انا ..

"تي"

عايزنا نجرح في نفسنا ونعايب في بعض يبقى لازم تغب معانا ولا احنا من طين وانت من عجين؟

راشد ينظر إليه ثم يذهب بعيداً

مشهد 72 (ليل/داخلي/ الفندق)

ضياء في غرفته بالفندق امام الكاميرا يسجل لنفسه

ضياء

انا اول واحد هاخد الخطوة انا عارف اني هطلع النموذج المثالي لأني كممثل دايماً براقب عيوبي ونقط ضعفي وطبعاً بتقبل النقد علشان اتحسن واثقل موهبتي يوم بعد يوم كممثل ولأن محدش طبعاً هيرضى يقولي عيوبي علشان ماخدش الجايزة فانا النهاردة هخليهم ينقدوني كممثل لأن ضياء هو ضياء الممثل ولو عرفت عيوبه كممثل هعرف عيوبه كانسان..

مشهد 73 (نهار/خارجي/ الشاطئ)

الجميع يجلسون على الشاطئ وامامهم ضياء. يحدثهم بشكل مسرحي.

ضياء

اسمحوا لي الاول اشكركم على تواجدتكم النهاردة شكراً ليكم

(بتواضع مصطنع)

ويعني .. اتمنى اقدم لكم حاجة كده تعجبكم ..
النهاردة هقدم لكم مشهدايه صغيرة كتبتها بنفسي .. انا طالع في دور واحد مشلول شلل تام .. وبعد كدة اخوة بيقرر يسيبه في دار رعاية ويسافر علشان يبتدي حياته .. طبعاً المشهد صعب جداً ومحتاج قدرات تمثيلية عالية جداً لإني المفروض مشلول ورغم كدة لازم اوصل كل الانفعالات من قلق على اخوة لحزن لخوف من المستقبل لفرحة لأن اخوة في الاخر هيحقق احلامه .. انا محتاج حد يطوع معايا ويقرأ الجواب..

تنهض فريدة بحماس

فريدة

انا انا ..

ضياء

اتفضلي ..

ثم يجلس في وضع المشلول، ويجمد وجهه دون أن يرمش حتى.. وتبدأ فريدة في قرائه الجواب.. زووم بالكاميرا على وجه ضياء مع موسيقى مؤثرة والجميع يحملق في وجهه الجامد الذي لا يظهر عليه أي انفعالات!

فريدة

أخويا، انا مسافر هسيبك هنا متقلقش أخوك.

تقف الموسيقى المؤثرة. الجميع يتعجب من قصر الجواب ينظرون إلى بعض ثم إلى ضياء الذي تجمد مكانه دون أي انفعال..

فريدة

ضياء؟ ضياء؟

ينهض نجيب ويهزه

نجيب

ضيااء!

يفيق فجأة ويفك جموده وهو يأخذ نفس عميق

ضياء

انا آسف بس اندمجت في الشخصية.. هاه أيه رأيكوا؟

يدير الجميع عينيه هرباً من الاجابة..

ضياء (ملحاً وكأنه يطلب المدح وليس النقد)
يصفق الجميع بحرارة ماعدا باهر ونجيب

الجميع

لأ هايل، برافو، تحفة، تمام..

هنا يضغط يتدخل باهر

باهر

يا جماعة خلينا صُرحا شوية عن كدة .. لازم نقله رأينا بأمانة .. يتكلم الجميع لكن بدبلوماسية اجتماعية معتادة ..

الجميع

يعني .. هو فيه احسن من كده الانفعال محتاج بس يزيد شوية لكن التركيز هايل ..

هنا ينفعل نجيب ويصيح في وجههم

نجيب

انتوا بتستهبلوا؟

ثم يستدير لضياء

انا هقولك اللي هما مكسوفين يقولوه .. بدل ما تضيع وقتك وعمرك في حاجة ملهاش لازمة .. يابني ده مش تمثيل اساساً .. مين اللي قالك انك موهوب؟ انت معندكش موهبة بالمرة كل ما تتكلم تقول "التمثيل في دمي التمثيل في دمي" الفروض الواحد بيمثل علشان بيعرف يمثل لأنه مهما حب التمثيل مش معنى كده انه هيجيده .. شوفلك شغلانه تانيه احسن .. اللهم ما بلغت اللهم فاشهد! واعمل اللي انت عاوزه!

ضياء مصدوم

ضياء

انا طبعاً .. يعنى ده رأي .. وانا احترم رأيك ولو اعترض على اسلوبك في التعبير عنه! وانتوا رأيكوا أيه؟ موافقينه؟

يسكت الجميع فيفهم ضياء معنى سكوتهم .. ضياء يصدم وينصرف .. نجيب يراقبه وهو ينصرف يشعر بالذنب ثم يلحق به ..

فريدة (متأثرة)

انا عن نفسي .. اتأثرت جداً بالمشهد!

مشهد 74 (نهار/خارجي/ الشاطئ)

نجيب يلحق بالفنان بعيداً عن المجموعة ثم يحاول أن يصلح الموقف

نجيب

يا ضياء .. ضياء ..

يقفوا ويتكلموا

ضياء

سبني في حالي بقى انت مش قلت اللي في نفسك؟

نجيب

يا ضياء انا مش قصدي ازعلك لكن انا حاسس انك متوه نفسك ومش شايف الامور على حقيقتها ..

ضياء

وأيه بقى حقيقتها ان شاء الله!

نجيب

انك قررت انك فنان حباً للفلوس والشهرة مش اكتر .. انت مكسل تكافح فاقنعت نفسك انك ممثل حقيقي .. مخك عمل كده .. سبته يتضحك عليه ..

ضياء

يضحك عليه من مين؟!! أيه اللي انت بتقوله ده؟

نجيب

تخيل لو كنت عمرك ما شفت فيلم أو قريت كتاب كنت هتشوف العالم ازاي؟ فيه حاجات كتيرة أوى هتختلف لو كنت انت اللي حطتلها تعريفها في عقلك بنفسك. إحنا بنحفظ العالم، بيتشربلنا بمعلقة من صغرنا .. وما بنفكرش بعد كدة .. انت عارف بعد كل اللي شفته وقريته وفكرت فيه مشكلة العالم كله من بداية البشر ولحد دلوقتي حاجة واحدة بس .. اختلاف التعريف .. تضارب التعريفات بتقوم حروب ،بتهد وبتبني شعوب .. كل اللي انا طالبه منك ان تفكر مع نفسك .. لو التمثيل مكنش بيجيب فلوس وشهرة وكان مهنه الفقراء والمغمورين .. كان برضه هيبقى حبه في دمك؟ كان برضه هيبقى رسالة سامية انت عايز توصلها للناس؟ لأن المؤمن بيتعرف لما تديله كل الاسباب علشان يسيب اللي بيؤمن بيه .. تلاقيه بيتمسك بيه اكتر.

ضياء

انت فاكر نفسك كامل .. ممتاز .. مثالي .. علشان تبقى فاهم انت شوية معلومات متنطورة بشكل عشوائي ملهاش اي تلاتين لازمة .. تقدر تقولي انت افدت نفسك في ايه بكل معلوماتك وثقافتك دي؟ بلاش .. قولي افدت غيرك في أيه؟ انت بتقرأ علشان تتعالى على الناس .. علشان تنقدهم .. علشان تحس انك احسن منهم .. لأنك في الحقيقة عارف ومتأكد انك فاشل!

تجرح الاهانة نجيب فيتركه ويمشي

مشهد 75 (نهار/خارجي/الفندق)

أمير يجلس مع راشد على حمام السباحة. يتلقى أمير تليفون من رأفت.

أمير

آلو .. أيوة .. انا مين؟ آه اهلاً وسهلا .. همم .. أيه ازاي؟ هي الدفعات مش بتتسدد؟ مفهوم طيب طيب انا هشوف الموضوع ده مع السلامة.

راشد

خير؟

أمير

خير خير..

ثم يطلب رافت

أمير

أيوة يا رأفت .. البنك كلمني دلوقتي .. انذار ايه اللي بتكلموا عليه؟ انت مش بتسدد؟
لأ ليه .. يعني ايه..... صمغ عربي ايه اللي سعره طلع وغرف التبريد عطلت ليه ..
ماشي يا رأفت ماشي ماشي

ثم يغلق بعصبية

مشهد 76 (ليل/داخلي/منزل رأفت)

منزل رأفت ليلا. باب المنزل يدق عدة مرات. رأفت يأتي من الداخل ويفتح الباب. يتفاجأ بأمير امامه. تبدوا عليه العصبية.

رأفت

أمير؟!

أمير يدخل بعصبية يتعجب رأفت وهو يغلق الباب خلفه

رأفت

خير فيه ايه؟

أمير

رأفت .. انا أيه عيوبي ؟

رأفت

عيوب؟! مفكش عيوب ده انت الناس كلها تتمنى تبقى زيك

أمير

معقوله؟! فيه حد من غير عيوب!

رأفت

مش من غير يعنى .. بس حاجات لا تذكر .. عصبية .. مودك بيقلب ساعات .. لكن دي تفاهات يعني مش عيوب

أمير

بقولك أيه يا رأفت .. هي أيه الزومبيرة؟

رأفت

ايه السؤال ده ما انت عارف ..

أمير

انا ناوي اغير حاجات كتير في الشغل .. انا عايز كل ملفات الزومبيرة اراجعها بنفسي ..

رأفت

ماشي بس ملوش لازمة يعني .. ال ..

أمير

ملوش لازمة اني اعرف؟ اني افهم شغلي ماشي ازاي؟ ولا لازم انت بس اللي تبقى فاهم؟

رأفت

فيه ايه يا أمير؟ ماتقول على طول احسن

أمير

مرضتش على سؤالي .. هي ايه الزومبيرة ..

رأفت (بعصبية)

جرى ايه يا أمير انت عارف

أمير

لا يا رأفت مش عارف مش عارف انا معرفش ايه هي وانت عارف كدة كويس اوي ومش دي بس انا بيني وبينك 100 زومبيرة كل شوية تدخلني في حاجة وتورطني ف قروض .. وانت قاعد في ميغه .. مهيص

رأفت

أمير انا مش هستحمل كلامك ده كتير انا مش عايز اخد كلامك جد

أمير

لأ خدوه جد .. انا مبقتش مرتحالك .. كل شوية حجج وحوارات مخدش منها عقاد نافع .. وعمال تبعدني عن الشغل شوية ف شوية لحد مبقتش فاهم حاجة .. واقول لنفسي ما انا كسبان .. لكن اتقرتص واخسر!

رأفت

انا لولا انا عارف إني من غير الشغل هيغرق كنت سبتهالك مخضرة

أمير

لاوالنبي .. من بكرة تسلم ورقك كله .. ومتعتبش الشركة تاني انا لو فضلت ماشي وراك هخسر اللي ورايا واللي قدامي وانا مش مستعد ادفع تمن طمعك اكتر من كدة

رأفت

انا طمعي مدفعكش غير تمن غرورك انت اللي عاملي فيها فتك وفاهم كل حاجة ومحدش فاهم غيرك .. انت اللي طول عمرك كبيرة عليك اوي وتقيلة انك تقول ان فيه حد تاني فاهم في حاجة انت بلاطة فيها .. وهو انا ازيتك ما انا كسبتك

فلوس متلتلة .. وانت فاكر انك هتعرف تكمل لوحدك ابقى تف في وشي

أمير

لو شفت وشك في الشركة أو في المصنع او حاولت تعمل أي حاجة. أي حاجة .. هتمهك بالاختلاس .. انت فاهم

ثم يخرج من المنزل ويغلق الباب وراءه بقوة رأفت يحملق بعصبية في الباب ويسرح

مشهد 77 (نهار/ خارجي/ الفندق)

احمد فراج وصابرينا وفريدة جالسين مع بعض على الشاطئ
صابرينا وفريدة يرتدون نظارات شمس ويحملقون في السماء
احمد فراج يحكي لهم

احمد فراج

انا كنت بشتغل مدرس علوم في مدرسة خاصة .. ومكنتش فيها بغرض مرتب ولاحاجة .. انا كنت معتبرها محطة اخلص فيها ابحاثي .. كنت بقعد في المعمل بالساعات .. ده انا حتى كنت بعلم الاولاد تجاربي العلمية
لحد ما في يوم حصل اللي حصل .. حتة عيل مستهتر زهق من الحصة طلع يجري بمنتهى البساطة
وتسبب في كارثة غيرت حياتي كلها ..
ينظر إليهم منتظر تعليق لكن لا يرد عليه أحد منهم

احمد فراج

مش بكلمكوا انا؟!

لا يردوا عليه فينهض وينصرف في عصبية منهم. يواصلون حديثهم وكأن شيئاً لم يكن

صابرينا

الاعلام برة كمان مختلف في طريقة التقديم.. النشرة هناك مهمة وتحبي تتفرجي عليها .. مسلية ..
تأتي إليهم ام تي وتقف امامهم وتسأل فريدة بحدة

أم طارق

انتي كتبتي عني أيه؟ انا عيوبي أيه يا بت انتي؟ قولي ونقسم الفلوس سوا

فريدة

اهدي شوية!!! على فكرة انا معنديش مشكلة اقولك ومش علشان الفلوس لأن بصراحة انا داخلة الموضوع تسلية كده مش اكتر بس بصي .. انت مشكلتك .. من وجه نظري يعني .. من غير زعل ..

أم طارق

هاه اخلصي

فريدة

انت اصلا ضخمة جدا ودايماً بتلبسي واسع ومقلم .. أمم .. مقلم بالعرض .. فبيتخنك جداً .. خصوصا من تحت ..

أم طارق

هه!!

صابرينا

عندك حق ده غير ان الالوان الفاتحة بتخن بيدي .. barrel shape آآآآ .. شكل البرميل!

أم طارق

انا برميل يا هايفة انت وهي!

صابرينا

ايه ده؟ انت كمان عصبية أوي .. استني .. استني .. انتي "طور" صح؟

ام طارق تخلع شبشبها وتهم تنهال عليهم بالضرب

صابرينا وفريدة
يا همجية .. يا قليلة الادب .. يا سافلة ..
يأتي الجميع على الصراخ ويفضون بينهم

مشهد 78 (غروب/ خارجي/ الفندق)

هادي ورتيبة وام طارق يجلسون في حديقة بعيدأ عن فريدة وصابرينا لتهدأة الموقف

أم طارق

الهايفة ديه ودوكها .. انا قليلة الادب .. عديمة التربية .. قال طور قال!

هادي

خلاص حصل خير سوء تفاهم مش اكتر هي قصدها برج الطور وانتي زعلانة انهم قالوا إنك قليلة الادب! يا بختك يا شيخة .. طب ده انا نفسي الناس تقول عليا قليل الادب

رتيبة (متعجبة)

حد يقول كدة؟ حد يحب الناس تقول عليه قليل الادب؟!

هادي

انا .. اكبر غلطة اهلى عملوها انهم ربوني على الادب. والادب في بلد مفهاش طابور بالدور يعني ضعف، سذاجة، قله حيلة .. زبون كل واحد يستغل ذوقه شوية .. انا عارف عيبي كويس اوي .. انا طول عمرى حاسس ان ادبي ده مرض اجتماعي محتاج اتعالج منه

مشهد 79 (ليل/ خارجي/ الفندق)
"تي" يجلس مع صابرينا وحدهم.

"تي"

خلاص بقى .. متزعليش من أمي .. هي صحيح شياطة لكن بفته بيضا

صابرينا

انت علطول حاطط السماعات دي في ودانك؟

"تي"

مستغناش عنهم ابدأ .. ده انا ساعات بنام بيهم ..

صابرينا

بتسمع أيه؟

"تي"

هب هوب

صابرينا

طيب!

"تي"

على فكرة انا مش بسمع بس .. انا بدرس كمان .. بركز مع الاغنية تفصيلة تفصيلة موسيقى الهب دي حلمي .. انا بكتب وبغني كمان .. اسمعي آهمم خالي بالاك من آياماك آوعى زاماناك ..

صابرينا (مقاطعة)

أيه ده انت بتتكلم كده ليه؟ ايه "خالي بالاك" متقول "خلي بالك"

"تي"

لأ مهولازم كدة علشان الكلام المصري يمشي مع الرتم الغربي ..

صابرينا

وهو ليه لازم تغني غربي .. متغني مصري .. مش ممكن هوس المصريين بأمريكا والغرب ..
ويارتكوا مهوسين بحاجة ليها معنى .. سايبين المهم وماسكين في شوية اغاني وافلام وفيديوز ..
بدل ما تتعلم بيرقصوا ازاي .. اتعلم منهم الكفاح والاعتماد على النفس .. الشباب هناك بيسيبوا بيوت اهليهم وهما عندهم 18 سنة! وحتى وهما في المدرسة بيشتغلوا الصيف كله علشان يدفعوا مصاريفهم ويشيلوا عن اهلهم شوية .. انت عملت ايه في حياتك لحد دلوقتي ..

ده الوقت اللي بتسمع فيه اغاني لو اشتغلته كان زمان حالك احسن من كدة 100 مرة ..

طارق لا يجد إجابة .. فيصمت

مشهد 80 (ليل/ داخلي/ الفندق)

باهر يجلس مع فريدة يتناولون الاسبريسو

فريدة

مش ممكن .. تصدق انا لسه بغلي مع اننا اتصالحنا .. هي مين دي علشان تقول عليا تافه .. ماتبص على نفسها الأول .. انا هايفة .. انا؟!

باهر
آه

فريدة

آه أيه؟

باهر

آه انتي هايفة!

فريدة

ايه اللي انت بتقوله ده .. على الاقل بعمل حاجة في حياتي .. انا إعلامية ..

باهر

ودي اكتر حاجة تثبت اللي بقوله .. انت مذيعة لكن تعرفي حاجة .. ايه معلوماتك في السياسة .. في الاجتماع .. حتى في الفن .. تقدري تقوللي اسباب حرب فيتنام؟ قريتي مقدمة بن خلدون؟
أصل السينما أيه؟ وأيه اسم أول فيلم مصري؟ وعلى فكرة فضيحة ووترجيت Watergate ملهاش علاقة بوزارة الري في امريكا زي ما انتي فاكرة

فريدة

انا مش هرد عليك ..

باهر

مش هتردي لأنك متعرفيش .. ولو متعرفيش فعلا يبقى مغلطتش فيكي ..

تنهض من مكانها بعصبية

فريدة

انت يظهر قعدتك على اللاب توب نستك ازاي تتعامل مع الناس .. حتى لو عايز تقول حاجة .. مفروض تقولها بذوق .. ولو انا معنديش معلومات فأنت معندكش ذكاء اجتماعي .. بديهي ان معندكش اصحاب!

تمشي ويبقى باهر في مكانه

مشهد 81 (ليل/ داخلي/ الفندق)

راشد في غرفته يكلم أمه على التيلفون.

أمه

هاه وعامل أيه في البحث الدنيا ماشية؟

راشد (يتنفس بسرعة)

اهوه اديني مستني كل واحد يفكر في عيوبه ويقولهالي .. تفتكري هيقدروا يشوفوا عيوبهم فعلا؟

أمه

ليه لا.. جايز

راشد

معلش هاخد نفسي ثانية واحدة أصل كنت بجري

يأخذ نفس عميق ثم يواصل كلامه بصورة طبيعية

انتي عارفة مبعرفش أفكر غير وانا بجري..
امه تبتسم فسيمعها

راشد

بتضحكي ليه؟

أمه

عارفه يا حبيبي انا عارفاك كويس .. ربنا يوفقك

راشد

ربنا يخليكي ليا .. تصبحي على خير

أمه

وانت من اهله يا حبيبي

مشهد 82 (ليل/خارجي/الشاطئ)

راشد يقف في نفس مكان الاختبار ليلا .. لا يظهر احد .. راشد ينظر في ساعته ويشعر بالإحباط .. صابرينا بجانبه.

صابرينا

كلهم مشيوا من ساعة ومستر امير سافر امبارح .. اخليهم يلموا الحاجة؟

راشد

ماشي

صابرينا

طيب انا في الريسبشن لو احتاجتني

تتركه وتمشي راشد يجلس على الارض ويتنهد.. صابرينا تعود بتعاطف مع راشد

صابرينا

انا حبيت اشكرك قبل ما تمشي مرة تانية لأني بجد مبسوطة جداً .. بس يا ريت لو هتعمل دراسة تانية تخليني فيها من الأول .. خصوصا لو كانت ليها علاقة بأمريكا .. انا عشت هناك فترة وممكن افيدك اوي ..

راشد

والله انا متشكر جداً .. ومبسوط انك انبسطتي .. هو انتي عشتي قد ايه في أمريكا؟

صابرينا (بمنتهى الثقة)
تلات تشهر!

راشد

!!!!!!!

مشهد 83 - ليل – داخلي – مطعم فاخر

راشد مع أمه في مطعم راقي على العشاء تبدوا سعيدة وفي كامل زينتها وترتدي افضل ما عندها تعطي الجرسون قائمة الطعام بعدما انتهت من الطلب وتشكره مبتسمة

أم راشد

مرسى

راشد يجلس امامها ويبدو محبط وشارد الذهن يرن تليفون أمه تخرجه من الحقيبة وترد

أم راشد

آلو .. أيوة يا مديحة .. لا انا مش في البيت آه .. أصل راشد اخدني نتعشى برة .. لا انا وهو بس .. ولا مناسبة ولا حاجة .. عادي .. بتعشى مع ابني برة .. طيب لما ارجع هكلمك .. سلام مع السلامة .. سلام.

تضع تليفونها في الحقيبة ثم تكلم راشد

دي مديحه

راشد

سمعت

أم راشد

مالك يا حبيبي؟ فيه ايه؟

راشد

الدكتور ثابت اللي بعمل معاه الدكتوراة طلع معاش مبكر ويا عالم امتى بقى هكمل مع دكتور جديد ده لو مغيرليش موضوع الرسالة من اساسه وارجع ابتدي من الصفر .. هه انا زهقت!

أم راشد

ولا يهمك متزعلش! متقعدش تفكر كتير كمل الدكتوراة ولما الدكتور اللي بعد كده يلاقيها خلاصانه يوافقلك عليها

راشد

هو انا عارف اتنيل واخلصها الناس اللي في المجموعة خدوا في وشهم وسابوا البحث وحتى لو كانوا كملوا مفيش واحد فيهم شخصية مثالية فعلا مع ان فيهم صفات كويسه لكن لازم أدرج مساهمتهم في المجتمع ومحدش فيهم عمل حاجة فعلية

ام راشد

خلاص كلم واحد منهم تقدر تقنعه وركز معاه وساعده ان يعمل حاجة وحطها في الدراسة وأقدمها
وجهه زي ما انت عايز وخلص لحد ما يكلفوا دكتور يتابع معاك وساعتها تبقى مخسرتش وقت.

راشد

والله ممكن .. معرفش!! هو انا فيا حاجة غلط؟ ليه الامور مابتمشيش ببساطة كده وكل حاجة لازم تتكركب هو الغلط فيا ولا في الناس؟ بغض النظر عن إني ابنك انا كشخص انتي شايفاني ازاي؟ ماشي صح ولا محتاج اتغير؟

يأتي الجرسون ويضع الطلبات فيسكتون ويعاودوا كلامهم بعدما ينصرف

أم راشد

بالعكس .. ده انت دلوقتي اللي اتغيرت .. وانا نفسي ترجع زي ما كنت

راشد

ازاي يعني؟

أم راشد

وانت صغير كنت بتحب اللي حوليك اوي وبتاخد بالك منهم .. طب اقولك حاجة .. انت كنت مبتقربش لتورتة ولا شيكولاته غير لما تتأكد ان كل اصحابك خدوا منها .. مكنتش بشوف طفل في السن ده بيعمل كدة غيرك .. وكنت بحب ده فيك اوي

راشد

قصدك ان انا دلوقتي بقيت اناني؟

أم راشد

مش اناني .. بس يعني ساعات مبتفكرش في غيرك .. وبتتشغل بنفسك بس

راشد

يعني اناني متحاوليش تذويقها يا أمي .. وايه تاني قولي لي

ام راشد

خلقك ضيق علطول عايز تخلص مبتختططش بخاف عليك من الدنيا شوية .. لأنها مبتطبطبش على حد وانت مابتأوحهاش انت عارف انك انسان كويس وعلشان كدة متوقع ان كل حاجة تجيلك على الجاهز ولو مجتش تزعل وتتعصب وتشتكي .. انت بتشتكي من المشكلة اكتر ما بتدورلها على حل ..

راشد

طيب انا كأبن .. وبغض النظر عن حبك ليا .. كويس ابنك .. كويس معاكي؟

ام راشد (تدمع عيناها بشكل تصاعدي رغم انها تقاوم)

انا ساعات بس .. بيبقى نفسي .. انا مقدرة ظروف الحياة عاملة ازاي دلوقتي والضغوط اللي فيها .. بس بيبقى نفسي متتنرفزش عليا .. مش اني بزعل منك .. لا والله انت عارف اني مش ممكن ازعل منك .. بس ساعات كده بتوحشني حنيتك عليا .. (تبكي)

راشد يتأثر يتهض ويقبل يدها

متزعليش مني واوعدك ارجع زي ما كنت .. مش هتغير تاني

يمر نفس الجرسون من مشهد "الأوردر كويس" يجد أم راشد تبكي فيقف خلف راشد ليسألها عن الأوردر
الأوردر فى حاجه يا افندم ؟؟

راشد

طبعاً الباشا شيفت ليلى هنا على حظي الاسود

راشد ممسكاً رأسه بيديه ابوس راسك,,الأوردر زي الفل .. انا اللي مزعلها .. سيبها في حالها

أمه تضحك من قلبها وهي تمسح دموعها

مشهد 84 - نهار – داخلى – مكتب أمير

راشد يجلس امام مكتب أمير. يجلس أمير على المكتب ويحملق في شاشة اللاب توب دون كلام.

راشد

هو انا جيت في وقت غير مناسب؟ مع انى اخدت ميعاد الاول!

أمير (يغلق اللاب توب)

والله مش الوقت بس هو اللي مش مناسب، الموضوع كله بالنسبة لي سخيف وملوش معنى

راشد

طيب هتقول ايه لو قلت لك ان انت ..الشخصية المصرية المثالية! انت الوحيد من بين كل افراد المجموعة اللي محقق حاجة ملموسة، ميزتك هي العمل، وبيها قدرت تحافظ على الشركات الناجحة دي كلها

أمير

ناجحة لكن عليها ديون متلتلة

راشد

مش مهم ده ميمنعش إنك انسان ناجح وان شركاتك ناجحة بشكل باهر.. هو احنا صحيح محتاجين نعمل مشروع صغير كده لخدمة المجتمع علشان النجاح يبقى متكامل وبيساهم في التنمية الاجتماعية..

أمير

مشاريع تاني؟!!! انا لا عايز اخش في مشاريع ولا في زفت! كفاية عليا الزومبيرة

راشد

ليه بس كده؟! خير ماله مشروع الزومبيرة؟

أمير

ابدا خسرت فيه ملايين! وفوائد القروض عماله تعد

راشد
آآآ .. لو فيه حاجة اقدر اعملها ..

أمير

ايه؟ هتعمل ايه؟ هتسدد الملايين اللي على المشروع ولا هتديره بنفسك ولا هتقدرعلي حل للمشاكل الهندسية اللي ملهاش اخر؟

راشد

لأ مقدرش اسدد ولا اخترع .. (تطرق له فكرة) .. ممكن اطلب منك طلب وارجوك ثق فيا المرة دي .. انا مش طالب اكتر من اجتماع

أمير

اجتماع؟

راشد

اجتماع مع المهندسين، هنتكلم بس ولو معجبكش الحل بتاعي مش هتخسر حاجة شوف وقرر بنفسك! انا عندي حل كويس.

أمير

Ok
الاجتماع الساعة 2 الظهر

راشد

يوم ايه؟

أمير

الاحد

راشد

ان شاء الله

مشهد 85- نهار – داخلي – غرفة الاجتماعات – شركة أمير

أمير ومجموعة من المهندسين الاجانب يجلسون في غرفة الاجتماعات الرئيسية. راشد يفتح باب الغرفة ويقف بابتسامة

راشد

ده ايه المواعيد المظبوطة دي؟ ده انا حتى جي اتنين ألا دقايق

أمير

طيب اتفضل

راشد

اتفضل يا استاذ احمد

يتحرك راشد فيظهر احمد فراج من ورائه أمير يتفاجأ ولكن راشد يشير له ان يهدأ يدخل احمد فراج ويجلس بينما يوجه راشد كلامه للمهندسين

راشد

اتفضلوا اعرضوا مشاكلكوا على الاستاذ احمد .. كلو بيفهم عربي؟

احد المهندسين

شوية! شوية!

راشد

كويس على العموم لو فيه اي حاجة مش مفهومة هترجمهالكم

يبدأ المهندسين بالشرح على البروجكتور الواحد تلو الاخر (مع موسيقى تصويرية) ثم يقف احمد فراج يعدل على خطوط الانتاج بينما يكتب المهندسين ما يقول باهتمام بالغ ويتفاعلون معه بشكل ايجابي. يتعجب أمير بينما يفخر راشد بأحمد فراج.

مشهد 86 - نهار – داخلي – مكتب أمير

أمير يجلس على المكتب ويتفحص بعض التقارير من المهندسين وامامه راشد واحمد فراج. يبدوا على أمير الرضا والارتياح لما يقرأه. يضع التقارير امامه.

أمير

الخطوط اشتغلت مظبوط. تقارير الجودة كلها هايلة. كان مستخبي فين كله ده يا باشمهندس؟

أحمد فراج

أصل انا كنت مشغول بتعديلات مصيدة الفئران

راشد

احممم .. خلينا في المهم بيتهيألي كده كله تمام الخطوط اشتغلت والمشاكل اتحلت؟ ولا ايه؟ كده بقى ممكن نعمل مشروع اجتماعي صغير ..

أمير

مشروع ايه بس دلوقتي؟!!!

راشد

فيه ايه بس؟

أمير

الخطوط اشتغلت آه والمشاكل اتحلت لكن احنا لسه في مرحلة الانتاج لسه مدخلناش مرحلة التسويق .. يعني مفيش ربح بيدخل والفوائد بتاعت البنوك عماله تعد وتتكوم علينا

راشد

طيب مش ممكن تتفاوض معاهم يهمدوا شوية ويهدوا اللعب لحد بس ما نشتغل

أمير

ويعني انا كنت هستنى لحد ما تقولي كده .. انا فضلت اتفاوض معاهم لحد ما سبيت لهم

راشد

مكنش ينفع تدخل فيهم شمال كده هينشفوا دماغهم اكتر

أمير

اعمل ايه؟ استفذوني

راشد

لا الحاجات دي مش عايزه قفش لازم كده تتاخد بالهدواة وتكسبهم بالذوق .. آآآ(تتطرقق فكرة في ذهنه) .. بقولك ايه .. ممكن اجتماع مع ادارة البنك؟

مشهد 87 - نهار – داخلي – غرفة الاجتماعات بالبنك

مديرين البنك ومنتدبين الإدارة العليا يجلسون على مائدة الاجتماعات. يفتح راشد الباب ويقف بابتسامة

راشد

آسف على التأخير .. اصل الاستاذ رفض انه يركن صف تاني. اتفضل يا استاذ هادي. يتحرك راشد فيظهر هادي من وراؤه

(قطع إلى)

مديرين البنك ومنتدبين الإدارة العليا يصافحون هادي بابتسامة عريضة ويتبادلون بعض الاوراق معه. راشد يقف وتبدوا عليه السعادة.

هادى

انا متشكر جدا لحضراتكم

أحدهم

والله احنا يسعدنا اننا نتعامل مع شخص بأخلاق وآدب حضرتك

هادى

أنا أسعد

مشهد 88 - نهار – داخلي – مكتب أمير

أمير يجلس على مكتبه وامامه راشد وهادي. أمير يقرأ بعض الملفات الخاصة بشروط سداد القروض ويبدوا على أمير الرضا والارتياح لما يقرأه. يضع الملفات امامه.

أمير

انا مش عارف اقول ايه. انت يا هادي يطلع منك كل ده؟!!

راشد

مشفتهوش في الاجتماع. احرجهم بذوقه .. نزل عليهم بمكارم الاخلاق بلا رحمة لحد ما سلموا ووافقوا على اللي عايزينه وكمان خرجوا مبسوطين .. يظهر فعلا ان الصياعة آدب.

أمير

انا مش عارف اشكرك ازاي يا راشد انت شلت من عليا كتير

راشد

تشكرني بانك توافق على المشروع الاجتماعي..

أمير مقاطعا

تاني يا راشد تاني انا في ايه ولا ايه؟

راشد

ما انت لسه قايل ان كله تمام!

أمير

ايوة ماشي حلو اللي احنا وصلناله ده، انتجنا واشترينا وقت وقللنا التكلفة .. لكن لسه مبعناش، مدخلناش فلوس

راشد

والله الحل بسيط...حملة اعلانية كويسة تبعلك حتى قبل ما تنزل السوق

أمير

وانا كنت هستناك تقولي كده؟ انا شوفت اقتراحات وكالات كتيرة لكن معرفوش يعملوا اللي انا عايزه .. انا عايز حملة كده مختلفة .. شعبي بس مش بلدي .. شكلها جديد .. بس مش لاسعة .. فاهم قصدي؟

راشد

بس ده يلخبط شعبي على مودرن على...
تطرق إلى ذهنه فكرة فيبتسم وينظر إلى أمير

مشهد 89 - ليل – داخلي – غرفة الاجتماعات – شركة أمير

أمير وراشد وهادي واحمد فراج وتي وضياء يجلسون يشاهدون اعلان تلفزيوني للزومبيرة يظهر فيه تي وضياء يرقصان ويغنيان ثم تظهر فيه الحاجة وهي تهدي الزومبيرة لاحفادها.

مشهد 90 - نهار – داخلي – مكتب أمير

أمير يجلس على مكتبه وامامه راشد وفريدة

راشد

اظن بقى كده مش فاضل حاجة علشان نبتدي المشروع الاجتماعي! وانا قلت اخدها من قصيرها واجيب فريدة معايا لإنك اكيد هتطلب حاجة هنحتاجها فيها .. اتفضل اعلامية شابة اهيه

أمير

تمسكي العلاقات العامة والصحفية .. الزومبيرة مكسرة الدنيا بس محتاجين حد يمسكلنا العلاقات مع الصحافة المطبوعة والديجيتال.

فريدة

اديني وقت افكر .. امممم .. موافقه

أمير

على طول كده؟

فريدة
انا بفكر بسرعة مبحتاجش وقت كتير

أمير

تمام .. راشد متدوشنيش بموضوع المشروع الاجتماعي ده .. اقعد مع تي وخليه يحدد لك الاماكن اللي محتاجه مساهمات اجتماعية .. وانا هخليهم يطلعوا جزء من ارباح الزومبيرة السنوية علشان الموضوع ده .. كده تمام؟

راشد

كده كويس اوي

مشهد 91 – فوتو مونتاج

سيارات نقل كبيره تنقل الزومبيره لمراكز التوزيع، أطفال تشترى الزومبيره، اعلان شارع "شجع صناعة بلدك واشترى الزومبيره" مكتب الحسابات فى شركة أمير المحاسبين يحصون الأرباح، أمير وراشد والمجموعة في حجرة الاجتماعات ومدير المبيعات بالشركة يعرض تقرير المبيعات الخاص بالزومبيره (مبيعات عالية)

مشهد 92 - ليل – داخلي – حفله

المكان يعج بالشخصيات الهامه ورجال الأعمال راشد يتجول بين المدعوين أمير يقف بفخر بين رجال الأعمال ويشير لراشد ليأخذ صوره جماعيه معهم تى يقوم بتوزيع الكارت الشخصي الخاص به مطبوعاً عليه صورته وهو يحمل الزومبيره هادى يمشى خلف جرسون يحاول أن يطلب منه أن يقف والجرسون لا يلتفت إليه فريدة تدخل الحفل مرتديةً فستان سهره شيك فريدة تأتى في الجهة المقابلة وتأخذ كوب من العصير من الصينية وتعطيها لهادى أثناء اتجاهها لراشد وأمير ضياء وأحمد فراج يتناقشان حول أمرٍ ما بطريقه جديه تظهر اختلافهما خارج الحفل الحاجة تتأبطً ذراع أم تى متجهين إلى الحفل

أمير يلقى كلمه للحضور

مساء الخير يا جماعه .. أولاً أحب أشكركم انكم شرفتونى علشان تشاركوني احتفالي بنجاح الزومبيره .. لكن في الأول وقبل ما نبدأ احتفالنا .. احب أشكر فريق عمل الزومبيره اللي كان ليهم الفضل في النجاح الكبير اللي انتم شايفينه ده

يصفق الحضور للمجموعة الذين يقفون في فخر، عدا راشد الذى يتجول ببصره ليرمقهم بنظرة اعجاب وتأثر ثم يفكر بداخلة (الشخصية المصرية المثالية...مش فرد...ده كان زمان .. الشخصية المثالية المصرية في زمانا ده .. مجموعة افراد .. فريق ..عارفين الطريق)

مشهد 93 - نهار – داخلي – مكتب دكتوره فى الجامعة

راشد يقف امام الدكتورة نرجس ويسلم لها اوراق دراسة ش.م.م. تاخذ منه الملف وتبتسم

نرجس

مش قلتلك!! اهوه حظك طلع حلو وجيتلي

راشد

ده فعلا من حسن حظي
نرجس تقرأ قليلا وتقلب الاوراق. تختفي ابتسامتها شيئا فشيئا حتى تتعصب على راشد وتلقى بالدراسة امامها
ايه ده؟!! ايه اللخبطة والكلام الفارغ ده؟!! لا لا لأ انا مايمشيش معايا كلام الدكتور مختار ده خد الدراسة دي
ثم تكتب عليها بخط احمر كبير لاغي

نرجس

اعملي دراسة على .. على .. على دور الام البدوية في تنمية الطفل القيادي في المجتمع السواحيلي

راشد

ايه ده ايه اللي انتي بتعمليه ده مجهود شهور ترميه كده؟ وانت اصلا لحقتي تقريه ولا تفهمي منه حاجة؟

دي تجربة فعلية غيرت حياه ناس كتير وساهمت في المجتمع .. ده مش عاجبك .. وعاجبك تنمية الطفل القيادي .. كله قيادة .. مركز اعداد القادة .. بس هو ده اللي بنفكر فيه .. كله عايز يبقى قائد .. مش القائد ده لازم يقود فريق عمل؟!! مفيش مركز اعداد اعضاء الفريق .. انا دلوقتي بس عرفت غلطة الخمس قرود ..

نرجس

الخمس قرود؟!!

راشد

ايوه!!! كل واحد فكر في نفسه .. مع انهم لو كانوا تعاونوا وكلهم طلعوا ياكلوا الموز مكنوش هيلاقوا حد يضربوه .. ايوة كان لازم كلهم يطلعوا ياكلوا الموز ..

نرجس

امشي اطلع برة .. موز ايه وقرود ايه .. امشي اطلع بره .. ومتفكرش تيجي هنا تاني ومش هتشوف الدكتوراة طول ما انا في الجامعة

راشد (يفقد اعصابه)

مين قالك ان انا عايز الدكتوراة العقيمة بتاعتك دي .. وعلى فكرة اسمه الساحلي مش السواحيلي .. يا .. يا دكتورة!!!

نرجس

أطلع بره

مشهد 94 - ليل – خارجي - أمام باب عمارة

أطفال تلعب كره في شارع غير ممهد راشد يقف أمام باب عمارة ينظر لرقم العمارة ثم يدخل إلى الداخل

مشهد 95 - ليل – داخلي – منزل دكتور مختار ثابت

راشد ومختار يجلسان في شرفة الشقه وأمامهما سبرتايه يعدون عليها القهوة

مختار يضحك بشده

يخرب عقلك يا راشد .. وقلتلها كده ؟؟ كلهم يطلعوا ياكلوا الموز؟؟

راشد

آه والله يا دكتور .. صوتي كان جايب آخر الكلية

يهدأ مختار من الضحك

كان نفسي أشوف وشها وهى بتقول قرود إيه وموز إيه؟ والله فرحتنى يا ابنى بالأخبار الحلوة دي .. ده نجاح كبير جداً .. بس انت بقى .. انت هتعمل إيه دلوقتى

يبتسم راشد ويهز كتفيه

مختار

أقوم أجيبلك حاجه تحلى بقك مع القهوة يدخل مختار وينهض راشد لمتابعة الأطفال الذين يلعبون
فجأة ينقطع النور ... وما هي إلا ثواني ويحضر مختار حاملاً كشاف يد كبير ويضعه على منضده بالداخل لينير المكان

مختار

أنا عامل حسابي .. بحط الكشاف ده باصص في السقف كده وهو ينور الصالة والبلكونة كلها
يرى راشد على ضوء الشارع الخافت عائله تتجه إلى منزلها وتتعثر ربة العائلة في طوبه في يأخذ راشد الكشاف وينير للعائلة الطريق حتى مدخل عمارتهم .. ثم يعود بالكشاف مرةً أخرى ليتجول بالضوء في الشارع ليجد رجل عجوز يمشى .. ينير له الطريق أمامه .. فيشكره الرجل بإيمائه من رأسه يظل راشد يفعل ذلك مرةً تلو المرة .. حتى تخرج فتاه صغيره من منزلها بابتسامه جميله لتنير الطريق لسيده بهاتفها الجوال ثم يأتي والد الطفلة حاملاً كشاف ليساعد في إنارة الشارع للمارة يتكرر الأمر ويتوالى ظهور الكشافات من شرفات الشارع كله لتنير الشارع بأكمله
يبتسم راشد للدكتور مختار دكتور مختار يربت على كتفه يعود الأطفال للعب الكرة ويبتسم المارة لحاملي الكشافات المضيئة.

تمت بحمد الله